Die Schneeschule

Daniel Memmert, Niels Kaffenberger, Stefan Weirether

Über die Autoren:

Daniel Memmert ist Professor und Institutsleiter des Instituts für Kognitions- und Sportspielforschung an der Deutschen Sporthochschule Köln. 2014 war er Gastprofessor an der Universität Wien. Seine wissenschaftlichen Arbeitsschwerpunkte liegen in der Bewegungswissenschaft (Kognition und Motorik), in der Sportpsychologie (Aufmerksamkeit und Motivation), in der Sportinformatik (Mustererkennung und Simulation), in der Kinder- und Jugendforschung, im Bereich der Sportspiel- und Evaluationsforschung sowie in den Forschungsmethoden. Er besitzt Trainerlizenzen in den Sportarten Fußball, Tennis, Snowboard sowie Ski-Alpin und ist u. a. Herausgeber und Autor von Lehrbüchern zum modernen Fußballtraining.

Niels Kaffenberger ist Sportlehrer am Unisportzentrum der Technischen Universität Darmstadt. Er studierte Sportwissenschaften an der Deutschen Sporthochschule Köln und ist staatlich geprüfter Snowboardlehrer. Als Mitglied des Ausbilderteams Snowboard des Deutschen Skilehrerverbandes liegen seine Arbeitsschwerpunkte in der konzeptionellen Weiterentwicklung des Lehrwesen Snowboard sowie der praktischen Ausbildung angehender Snowboardlehrer. Neben dem Schneesport besitzt er Trainerlizenzen im Mountain Biken, der Hochseilgartennutzung und im Fußball und ist Autor weiterer Bücher im Arbeitsfeld Wintersport.

Stefan Weirether ist Mathematik- und Sportlehrer an einem Mannheimer Gymnasium. Als DSV-Skilehrer leitete er das Ressort Jugend in der Skischule Mannheim und war lange technischer Leiter der Skischule Mannheim. Zudem arbeitet er seit vielen Jahren im Jugendbereich eines Mannheimer Tennisvereins und besitzt die C-Trainerlizenz – Wettkampfsport.

Die Schneeschule

Eine saisonal übergreifende Basisausbildung für den Wintersport

Daniel Memmert, Niels Kaffenberger, Stefan Weirether

Spitta Verlag GmbH & Co. KG · Ammonitenstraße 1 · 72336 Balingen · www.spitta.de

Korrespondenzadresse:
Univ.-Prof. Dr. Daniel Memmert
Deutsche Sporthochschule Köln
Institutsleitung, Institut für Kognitions- und Sportspielforschung
Am Sportpark Müngersdorf 6
50933 Köln, Germany

Bibliografische Information der Deutschen Bibliothek
Die Deutsche Bibliothek verzeichnet diese Publikation in der Deutschen Nationalbibliografie;
detaillierte bibliografische Daten sind im Internet über http://dnb.ddb.de abrufbar.
ISBN 978-3-943996-45-6

Copyright 2014 by Spitta Verlag GmbH & Co. KG
Ammonitenstraße 1, D-72336 Balingen
www.spitta-sport.de

Das Werk ist urheberrechtlich geschützt. Die dadurch begründeten Rechte, insbesondere die der Übersetzung, der Entnahme von Abbildungen, der Funksendung, der Wiedergabe auf fotomechanischem oder ähnlichem Wege und der Speicherung in Datenverarbeitungsanlagen, bleiben, auch bei nur auszugsweiser Verwendung, vorbehalten. Die Wiedergabe von Gebrauchsnamen, Handelsnamen, Warenbezeichnungen usw. in diesem Werk berechtigt auch ohne besondere Kennzeichnung nicht zu der Annahme, dass solche Namen im Sinne der Warenzeichen- und Markenschutz-Gesetzgebung als frei zu betrachten wären und daher von jedermann benutzt werden dürften.

Projektmanagement: Maria Burkhardt
Covergestaltung: Johannes Kistner
Sportfotos: Daniel Memmert, Niels Kaffenberger
Lektorat: Redaktionsbüro Jürgen Liegibel, Freiburg
Satz: Banholzer Mediengestaltung, Rottweil
Druck: Printed in Germany

Inhalt

Geleitworte		9	6	Balancieren auf labilen Stützflächen	46
1	**Konzept der Schneeschule**	11	7	Sprungvariationen ohne Geräte und Materialien	48
1.1	Ziele der Schneeschule	11	8	Springen, Fliegen und Schwingen mit dem Seil	50
1.2	Schneeausbildung in den Bildungsplänen	15	9	Um die Längsachse	52
1.3	Inhalte der Schneeschule	18	10	Um die Querachse	54
1.3.1	Koordinative Basics der Schneeschule	20	11	Springen und Fliegen mit dem Kasten	56
1.3.2	Technische Basics der Schneeschule	24	12	Springen und Fliegen mit und an Turngeräten	58
1.3.3	Kognitive Basics der Schneeschule	27	13	Bewegungen auf dem Trampolin	60
1.4	Methoden der Schneeschule	30	14	Pedalo fahren	62
1.5	Zusammenfassung	32	15	Ein Brett mit Rollen	64
			16	Pezziballstand	66
2	**Gleichgewichts-Basics im Schneesport**	34	2.3.2	Kompetenzorientierte Gleichgewichts-Basics	68
2.1	Einleitung	34	17	Gleichgewichtsübungen auf 8 Rollen	68
2.2	Ordnungskriterien	34	18	Springen und Fliegen mit körperverbundenen Sportgeräten im Winter	70
2.3	Aufgabensammlung	36			
2.3.1	Ressourcenorientierte Gleichgewichts-Basics	36			
	1 Auf zwei Beinen	36			
	2 Auf einem Bein	38	19	Fahren auf einem Ski	72
	3 Balanceakt auf dem Indo Board	40	20	Befahren einer Wellenbahn	74
			21	Skateboard fahren	76
	4 Balancieren auf schmalen Stützflächen	42	22	Waveboard fahren	78
			23	Gleichgewichtsübungen auf dem Snowboard	80
	5 Balancieren auf schrägen Stützflächen	44	24	Gleichgewichtschulung durch Fahrradfahren	82

		25	Langlaufen im Gleichgewicht	84
		26	Springen und Fliegen mit körperverbundenen Sportgeräten im Sommer	86
		27	Slacklining	88
		28	Balanceschulung über weitere körperverbundene Trendsportarten	90
3	**Koordinative Basics im Schneesport**			93
3.1	Einleitung			93
3.2	Ordnungskriterien			93
3.3	Aufgabensammlung			94
3.3.1	Präzisionsdruck			94
		1	Rhythmusschulung mit dem Seil	94
		2	Synchron- und Formationsfahren	96
		3	Lehrspurfahren	98
		4	Belastungstest	100
		5	Fahren auf dem Außenski	101
3.3.2	Zeitdruck			102
		6	Stangen fahren	102
		7	Beintapping	104
		8	Spiele in der Ebene	105
		9	Spiele am Hang	106
3.3.3	Sukzessivdruck			108
		10	Taktstöcke	108
		11	Spurbildvorgabe	110
		12	Links-Rechts-Variation	112
		13	Mit Rhythmus den Berg hinab	114
3.3.4	Simultandruck			116
		14	Gimme-Five	116
		15	Vieles miteinander	118
		16	Der Rhythmus liegt im Takt	120
		17	Piff – Paff – Hugo	122
		18	Hampelmann-Kurve	124
3.3.5	Variabilitätsdruck			126
		19	Kurvenkönig	126
		20	Forward-to-Switch-Fahren	128
		21	Langlaufen unter rhythmischem Aspekt	130
		22	Befahren einer Buckelpiste	132
		23	Durch den Funpark	134
		24	Übungen mit wechselnden Umgebungs- und Situationsbedingungen	136
		25	Kontrastaufgaben	138
4	**Technische Basics im Schneesport**			141
4.1	Einleitung			141
4.2	Ordnungskriterien			141
4.3	Aufgabensammlung			142
4.3.1	Kurven wechseln			142
		1	Ein Ski – Ein Kurzski	142
		2	Vertikalbewegung zum Kurven wechseln	144
		3	Beinorientiertes Kanten	146
		4	Verbesserter Kurvenwechsel auf dem Ski	148
		5	Verbesserter Kurvenwechsel auf dem Snowboard	150
4.3.2	Kurven steuern			152
		6	Den Berg hinauf mit Skiern	152
		7	Vertikalbewegung zum Kurven steuern	154
		8	Ganzkörperorientiertes Kanten	156
		9	Kanten erspüren auf Skiern	158
		10	Kantgefühl beim Snowboarden	160
4.3.3	Körperposition regulieren			162
		11	Fahren mit offenen Schuhen (Ski) bzw. mit gelockerter Bindung (Snowboard)	162
		12	David und Goliath	164
		13	Vespa und Harley	166
		14	Kurvenfahren mit Zusatzaufgaben	168
		15	Verschiedene Armhaltungen	170
4.3.4	Drehungen koordinieren			172

	16 Drehen mit allem, was man hat	172
	17 Spin it	174
	18 Vorausdrehen beim Skifahren	176
	19 Vorausdrehen beim Snowboarden	178
	20 Kurzschwünge mit verschiedenen Aufgabenstellungen	180
4.3.5	Gleiten dosieren............................	182
	21 Kanten schonen......................	182
	22 Unterschiede beim Schussfahren........................	184
	23 Gleiten auf dem Snowboard	186
	24 Gleiten mit Langlaufskiern	188
	25 Gleiten auf dem Wasser	190

5	**Kognitive Basics im Schneesport**	**193**
5.1	Einleitung...	193
5.2	Ordnungskriterien	193
5.3	Aufgabensammlung	194
5.3.1	Sich verfügbar machen	194
	1 Händchenhalten........................	194
	2 Zu allem bereit..........................	195
	3 Parcoursbewältigung...............	196
	4 Befahren eines Geländeparcours.....................	198
5.3.2	Belastungen standhalten	200
	5 Blinde Kuh.................................	200
	6 Bauchlandung – Stürzen ohne Grenzen.........................	202
	7 Befahren von steilem Gelände......................................	204

	8 Kanonenrohr befahren.............	206
5.3.3	Umgebung im Blick behalten........	207
	9 Blicke regulieren.......................	207
	10 Schussfahren mit Zusatzaufgaben	208
	11 Skilehrerschatten......................	210
	12 Lumpensammler......................	212
5.3.4	Breite Aufmerksamkeit erzeugen..	214
	13 Stangenwald	214
	14 Synchronfahren ohne akustisches Signal	216
	15 Rhythmusschulen mit Zusatzaufgaben	218
	16 Skala-Fahrten.............................	220
5.3.5	Grenzen überwinden.......................	222
	17 Überwinde dich	222
	18 Geschwindigkeitsrausch	224
	19 Fahren bis die Schenkel brennen......................................	226
	20 Grenzerfahrung Buckelpiste..	228

6	**Pilotprojekt „pistenkids"**	**231**
6.1	Erste exemplarisch-praktische Umsetzung des Schneeschul-Konzepts..	231
6.2	Exemplarisch-praktische Umsetzung im Schnee...................	231
6.3	Exemplarisch-praktische Umsetzung im Sommer	232
6.4	Fazit des Pilotprojektes „pistenkids"	233

Literatur 235

Anmerkung:
Werden Personenbezeichnungen aus Gründen der besseren Lesbarkeit lediglich in der männlichen oder weiblichen Form verwendet, so schließt dies das jeweils andere Geschlecht mit ein.

Geleitworte

Geleitwort von Prof. Dr. Ralf Roth

Der Förderung der Gesundheit bei Kindern wurde in den letzten Jahren eine besondere Bedeutung beigemessen. Experten beklagen, dass sich die körperliche Leistungsfähigkeit der Kinder gegenüber früher deutlich verschlechtert hat. So werden bei einem erheblichen Anteil der eingeschulten Kinder unter anderem Haltungs- und Koordinationsschwächen festgestellt. Angesichts der veränderten Lebensbedingungen, unter denen Kinder heute aufwachsen, kommt hier der Motorik eine zentrale Bedeutung für die Gesamtentwicklung des Kindes zu.

Das neue Konzept „Schneeschule" ist Impulsgeber und Anleitung für eine saisonal übergreifende Ausbildung für Kinder und Jugendliche im Wintersport. Es bietet über vielfältige Bewegungserfahrungen eine umfassende Vermittlung von motorischen Fähigkeiten und Fertigkeiten im Winter und Sommer.

Das integrative Konzept der Schneeschule besteht aus koordinativen, motorischen und kognitiven Basiskomponenten. Aufbauend auf dieser Struktur werden eine Vielzahl von Spiel- und Übungsformen angeboten. Schneesport leistet in dieser Form einen wichtigen Beitrag zur ganzheitlichen Entwicklung von Kindern und Jugendlichen. Frühe Entwicklung von Gesundheit und Leistungsfähigkeit ergänzen sich hier in idealer Weise.

Das vorliegende Ganzjahres-Konzept der Schneeschule liefert so wichtige Impulse für eine erfolgreiche sportartübergreifende Ausbildung von Kindern und Jugendlichen für Schulen, Skivereine und Skischulen.

Prof. Dr. Ralf Roth
Leiter des Instituts für Natursport und Ökologie an der Deutschen Sporthochschule Köln

Geleitwort von David Speiser

Ich habe als Kind vielfältige Bewegungserfahrungen genossen, welche mir tolle Grundlagen für meine aktive Laufbahn lieferten. Bereits im Alter von 3 Jahren lernte ich das Skifahren. Obwohl meine Vorliebe zum schnellen Gleiten auf Schnee wohl schon damals geweckt wurde, habe ich dann vom 6. bis zum 15. Lebensjahr alle möglichen Sportarten ausprobiert. Darunter waren Skispringen, Fußball, Tennis, Triathlon, um nur die für mich Wichtigsten zu nennen. Fußball und Tennis haben sicherlich den größten Teil der Zeit beansprucht. Diese Sportarten haben mir damals, wenn nicht Winter war, auch den größten Spaß bereitet. Ich empfand beide als recht komplexe Sportarten, bei denen der komplette Körper beansprucht wurde. Ich denke, dass eine vielfältige Sportartenausübung im jungen Alter ganz wichtig ist, um sich später dann für eine spezifische Sportart / Disziplin zu entscheiden und sie auf höchstem professionellem Level zu betreiben. Mit dem Snowboarden habe ich dann im Alter von 14 Jahren begonnen und für mich genau die richtige Sportart entdeckt, so dass ich heute noch so gerne fahre wie am ersten Tag!

David Speiser
Zweimaliger Olympiateilnehmer im Snowboardcross (Turin 2006, Vancouver 2010) und mehrfacher X-Games Teilnehmer

Konzept der Schneeschule

1.1 Ziele der Schneeschule

„2006–2010 wurde einfach auch zu wenig für die Nachwuchsförderung getan. Die fehlenden Leistungsträger im Alter von 20–22 Jahren sind das Resultat heute in Sochi." (David Selbach, deutscher Snowboard-Bundestrainer)

Die Ziele der Schneeschule sind multifaktoriell. Erstens soll unser Konzept Kinder, Jugendliche und Erwachsene sowie auch Lehrer und Trainer dazu anregen, den Bewegungsdrang unserer Kleinsten durch Kennenlernen und Ausübung einer Vielzahl an Sportaktivitäten zu stillen. Unser Buch möchte mit 100 Spiel- und Übungsformen zur Schulung allgemeiner Grundlagen auch die Basis für ein lebenslanges Sporttreiben legen. „Skilauf im Angebot der Schule ist überwiegend freizeitsportlich mit dem Ziel des lebenslangen Sporttreibens ausgerichtet" (Rheinland Pfalz, Sekundarstufe II, 1998, S. 83). Zudem ist im Bildungsplan von Thüringen (Gymnasium, 2012, S. 47) zu lesen: „Der Schüler erfährt den hohen gesundheitlichen und freizeitrelevanten Wert wintersportlicher Aktivitäten und die Auswirkungen von Sport und Bewegung vor allem im Freien auf das individuelle Wohlbefinden. Er erkennt deren Potenzial zur Stärkung der individuellen physischen und psychischen Gesundheitsressourcen." Auch bei der täglichen Bewegung genügen mehr als 50 % der Heranwachsenden in Europa nicht mehr den Richtwerten für gesundheitsbezogene körperliche Aktivität (vgl. *Bös*, 2001). Dieser Entwicklung kann und muss dringend Abhilfe geschaffen werden, indem die Kinder und Jugendlichen in verschiedenen Vereinen (Ski-Club, Inline-Ski-Club usw.) Kompetenzen entwickeln, die ihnen helfen, in verschiedenen Sportarten Fuß zu fassen. Dazu ist auch der Schulsport aufgerufen, da er langfristig und sportartenunabhängig die Möglichkeit hat, Gleichgewicht und Koordination zu schulen (vgl. Teilkapitel 1.2: Schneeausbildung in den Bildungsplänen). Wie andere Konzepte es vormachen (z. B. Ballschule Heidelberg, vgl. *Roth & Kröger* 2011), geht es dabei nicht um eine frühzeitige Spezialisierung in Indoor- und Outdoor-Sportarten, sondern um eine umfassende Basisausbildung. Beier (2001) hat anhand eines motivationspsychologischen Modells mittlerweile zeigen können, dass es den Outdoor-Sportler nicht zu geben scheint, sondern vielmehr sportartübergreifende Outdoor-Typen identifizieren können.

Zweitens ist eine Zunahme an Verletzungen in verschiedenen Schneesportarten zu erkennen (*Jendrusch* et al., 2003). Ein breites Sammeln von Bewegungserfahrung und eine gut ausgebildete Koordination können helfen, Stürze zu vermeiden (u. a., *Neumaier* 1999). Auch dazu gibt es genaue Hinweise in den Bildungsplänen der Länder (Rheinland Pfalz, Sekundarstufe II, 1998, S. 83): „Bewusstes Lernen als methodisches Prinzip soll die Schülerinnen und Schüler in die Lage versetzen, Möglichkeiten zur Verbesserung von Kondition und Technik im Skilauf kennen zu lernen und diese anzuwenden. Ein weiteres wichtiges Ziel stellt die Vermittlung von Kenntnissen zur Verletzungsprophylaxe und deren selbständige Anwendung durch richtiges gezieltes Aufwärmen, Dosierung der Belastung und Abwägen von Können und Risiko dar." (Rheinland Pfalz, Sekundarstufe II, 1998, S. 83).

Bezüglich einer langfristigen Talententwicklung ist drittens zu konstatieren, dass deutsche Athletinnen und Athleten deutlich weniger Erfolge im internationalen Wettkampfsport in verschiedenen Schneesportarten in den letzten Jahren vorzuweisen hatten. Obwohl Deutschland mit ungefähr 15 Millionen Ski- und Snowboard-Fahrern noch deutlich vor den USA (ca. 13 Millionen) und Frankreich (ca. 12 Millionen) liegt, landeten wir im Medaillenspiegel bei der letzten Weltmeisterschaft Ski alpin 2013 in Schladming (Österreich) nur hinter diesen beiden großen Nationen auf Platz 5. Im Snowboarden sieht es ähnlich aus. Hier lag man bei der 10. FIS Snowboard-Weltmeisterschaft 2013 im kanadischen Skiresort Stoneham (Québec) im Medaillenspiegel gar nur auf Platz 7. Um somit nicht nur im Breitensport, sondern auch in der Nachwuchsausbildung neue Zeichen setzen zu können, wird als innovativer Lösungsvorschlag mit der Schneeschule ein Konzept vorgestellt, welches dazu beitragen kann, eine neue, erfolgreiche Kinder- und Jugendarbeit anzuregen und auch einen Teil zur Verbesserung der schneesportbezogenen Talentförderung zu leisten.

Somit wird ein Schneeschul-Konzept als erste Stufe der Nachwuchs- und Talentförderung im Skifahren und Snowboarden vorgeschlagen. Neben der allgemeinen breitensportorientierten Anfängerausbildung für alle Kinder, stellt die Schneeschule bezogen auf Schneesportarten eine neue, innovative und bis jetzt in Deutschland einzigartige Möglichkeit dar, Talente zu suchen, schneesportübergreifend auszubilden, unter Aufsicht von Experten auszuwählen und in bestimmten Neigungsgruppen qualifiziert zu fördern. Nur wenige Kinder werden als Schneesport-Genies geboren, die meisten werden dazu entwickelt. Dies könnte mit dem Schneeschul-Konzept gelingen, denn dieses setzt bei den Talenten von Morgen an!

Viertens ist ein deutlicher Rückgang an Kinder und Jugendlichen in Skivereinen zu erkennen, der in einem deutlichen Widerspruch zu einem gegenläufigen Trend in anderen Sportarten steht. In den letzten Jahren sind insbesondere in den Skiclubs stagnierende Mitgliederzahlen festzustellen. Dies kommt daher, dass sich Ski- und Snowboardfahren in Indoor-Hallen seit Jahren einer stetigen Beliebtheit erfreut, ohne dass man Mitglied in einem Verein sein muss. Fast 60 % der Besucher kommen zum Skifahren, 40 % wollen Snowboard fahren (*Jendrusch* et al., 2003). Nicht nur dass eine Stagnation der Mitgliederzahlen zu beobachten ist, die Clubs sind auch deutlich überaltert. Dies bedeutet langfristig, dass auch in Zukunft mit weiteren Rückgängen zu rechnen ist. Die Gründe sind u. a. darin zu sehen, dass Konzepte für ein attraktives Kinder- und Jugendprogramm, bzw. für eine leistungsorientierte Nachwuchsarbeit fehlen. Ein modernes und zeitgemäßes Jugendvereinskonzept muss verstärkt die Zielgruppe der Kinder und Jugendlichen im Alter von 6 bis 18 Jahren im Blick haben. Ganzjährige Sport- und Freizeitaktivitäten, wie Skifahren, Snowboarden (u. a. in Skihallen), Radfahren,

Slacklinen oder Inline-Skaten können eine Möglichkeit darstellen, um junge Menschen wieder für einen Verein zu motivieren. Um diese Ideen zu verwirklichen, muss mit innovativen und neuen Angeboten besonders die Jugendarbeit in Skivereinen intensiviert werden.

Damit neue Zeichen in der schneesportspezifischen Ausbildung auch in Schule und Verein gesetzt werden können und Skifahren und andere Outdoor-Aktivitäten wieder mehr an Attraktivität gewinnen, soll mit dem integrativen Konzept der Schneeschule ein Buchprojekt vorgestellt werden, das zur Verbesserung der schneesportbezogenen Talentförderung und Grundlagenausbildung beitragen soll. Damit könnten Kinder wieder ein attraktives, sportartenübergreifendes, breit gefächertes Sportangebot vorfinden und eine allgemeine Grundlagenausbildung für verschiedene Sportarten im Winter und Sommer erfahren. Zusätzlich könnten auch die Vereine langfristig neue Mitglieder und Talente für Rennmannschaften und Lehrteams (sowohl Alpin als auch Snowboard) dazugewinnen.

Die schneesportübergreifenden Basics können im Sommer mit speziellen Übungen in der Halle und im Freien sowie auf Inline-Skates, Skateboards, Waveboards, Scooters oder Mountainbikes geschult werden (vgl. Abb. 1). Somit wären sie in ganz Deutschland, insbesondere auch im Sportunterricht, gewinnbringend zu schulen. Im Winter werden die Kinder diese Tools direkt im Schnee mit Alpinski, Snowboards, Langlaufski, Schlittschuhen oder Kurzski erfahren (vgl. Abb. 2).

Unser Konzept möchte nicht den Anspruch erheben neu zu sein, sondern nur, dass wir zum ersten Mal versuchen, systematisch den unterschiedlichen Indoor- und Outdoor-Sportarten eine koordinative, technische und kognitive Konvergenzbasis in Form einzelner, schnee-

Abb. 1: Sommersportaktivitäten mit Inline-Skates, Skateboards oder Waveboards.

Abb. 2: Wintersportarten mit Alpin-Ski, Snowboard und Langlauf

sportübergreifender Basiskompetenzen zu geben. Einerseits sind in einer Vielzahl von spezifischen Publikationen beispielsweise die Basics zum Mountain-Biken (*Schwarz* 2004; *Stanciu*, 1995), Inline-Skating (*Harjung & Athanasiadis* 1996; *Nagel* 2010), Telemark-Skifahren (*Droste & Strotmann* 2002), Langlauf (*Greier & Weinmayer* 2012) und Alpin-Ski (*Haag* 2009) dargestellt. Andererseits werden schon seit längerer Zeit strukturelle Bewegungsähnlichkeiten des Inline-Skatings zu Ski-Techniken (*Rumpus* 2002), des Snowboards zum Ski-Alpin (*Memmert* 1999), des Ski-Langlaufs zum Rudern (*Fritsch* 2011), des Snowboards zum Skateboard (*Künzell & Lukas* 2011), des Inline-Skatings zu Carving-Techniken (*Kullmann & Wehmeyer* 2011) diskutiert. Insgesamt zeichnet sich gerade in den Trendsportarten (*Pfeifer* 2003) ein neuer Forschungsgegenstand ab, der aus den Bereichen Koordination und motorisches Lernen in naher Zukunft ein wachsendes Interesse erfahren wird.

1.2 Schneeausbildung in den Bildungsplänen

Hinsichtlich der anhaltenden Bildungsdiskussion in Deutschland, nicht nur im Sport (*Schmidt, Hartmann-Tews & Brettschneider* 2006), überrascht es ein wenig, dass die praktische Umsetzung schneesportspezifischer Kompetenzen in der Schule etwas stiefmütterlich behandelt wird. Insbesondere auch deshalb, da sich in zahlreichen Bundesländern der Stellenwert sportartübergreifender Kompetenzen und Fertigkeiten für den Schulsport in allen Bildungsplänen markant belegen lässt (vgl. Tab. 1). Bei allen Bildungsplänen der Länder steht das Fahren, Rollen und Gleiten im Mittelpunkt. Dies wird als charakteristisch für viele verschiedene Sportarten angesehen. Exemplarisch kann dies am Bundesland Hessen dargestellt werden (Hessen, Sekundarstufe II, 2002, S. 9):

Fahren, Rollen, Gleiten
- Rollsport/Fortbewegung auf Rädern und Rollen: Inline-Skating, Inline-Hockey, Fahrradfahren, Radball, Kunstrad-/Einradfahren, Rollschuhlaufen, Skateboardfahren
- Gleiten auf dem Wasser: Rudern, Kanufahren, Segeln, Segelsurfen, Wasserski
- Gleiten auf Schnee und Eis: Eislaufen, Skilaufen und Skifahren, Snowboardfahren, Rodeln

Der motorische Schwerpunkt des Themenbereichs Rollen und Gleiten beinhaltet vornehmlich koordinative Aspekte. „Die durch Roll- und Gleitgeräte erzeugten labilen Zustände beanspruchen in besonderem Maße die Gleichgewichtsfähigkeit" (Schleswig-Holstein, Sek. I, 2002, S. 23). Dazu werden verschiedene Roll- und Gleitsportgeräte aufgeführt, wie Rollschuhe, Inline-Skates, Schlittschuhe, Ski (nordisch/alpin) oder auch Fahrräder. Die Methodenvielfalt reicht von allgemeinen Koordinationsübungen, über Sprungwettbewerbe (einfache Figuren) und spezifische Renn- und Slalomtechniken bis hin zu Staffelläufen beim Inline-Hockey, Eishockey oder Rollhockey. Im Ganzen wird auch empfohlen, Fahren, Rollen und Gleiten in Form von Ski-/Inliner-Touren, Wanderfahrten und Wanderungen erlebnisorientiert anzubieten. Es überrascht darüber hinaus wenig, dass sich mittlerweile in nahezu allen Lehrplänen auch Trend-, Fun- und Outdoor-Sportarten wie Fahrradfahren, Rollschuhlaufen, Inline-Skating, Rudern, Kanufahren, Surfen oder Segeln wieder finden. Bis auf Baden-Württemberg, Bayern und mit Abstrichen des Saarlandes (Gymnasium, 2008, S. 1: nur Laufen im Schnee) finden sich in allen Bundesländern auch konkrete Hinweise zum Schneesport für die Lehrerinnen und Lehrer. Beispielsweise weist der Bildungsplan von Berlin (Sekundarstufe I, 2006, S. 58; vgl. aber auch Brandenburg, Sekundarstufe I, 2008, S. 32) im Themenfeld Fahren und Gleiten auf Schnee und Eis auf Folgendes hin: „Die besonderen Formen der Fortbewegung auf Schnee und Eis vermitteln ein neues Bewegungsgefühl und bringen vielfältige neue Bewegungs- und Körpererfahrungen. Die Befähigung der Schülerinnen und Schüler zum sicheren Umgang mit Wintersportgeräten in Verbindung mit dem gemeinsamen Naturerleben und der Wahrnehmung der gesundheitsfördernden Reize im Winter soll zum aktiven Freizeitverhalten anregen. Abgeleitet aus dem hohen freizeitrelevanten Wert wintersportlicher Aktivitäten wird die Verknüpfung der pädagogischen Perspektiven Gesundheit, Wagnis und Körpererfahrung empfohlen."

Noch spezifischer formuliert es der Bildungsplan in Mecklenburg Vorpommern (Sekundarstufe I, 2002, S. 42). „Der Unterricht im Freien, das gemeinsame Erleben der Natur sowie das Wahrnehmen gesundheitsfördernder Reize im Winter sollen ein aktives körperliches Freizeitverhalten anregen. Umweltgerechtes Handeln und sicherheitsorientiertes Verhalten sind durch bewusstes Selbsterleben und durch gezielte Kenntnisvermittlung vorzubereiten und anzuwenden. Die Schüler erlernen grundlegende Techniken, um sich sicher mit den spezifischen Wintersportgeräten bei unterschiedlichen äußeren Bedingungen auf Schnee und Eis fortzubewegen. Vielfältige Spiel- und Übungsformen sollen dazu beitragen, dass die Schüler Hemmungen und Ängste überwinden, grundlegende Bewegungs- und Körpererfahrungen sammeln und situativ handeln können."

Insbesondere für das Skifahren werden sogar organisatorische Rahmenbedingungen empfohlen. „Eine Übungsgruppe darf beim Skilaufen höchstens 15, beim Snowboardfahren höchstens 8 Schülerinnen und Schüler umfassen, für die jeweils eine Lehrkraft [...] einzusetzen ist. [...] Beim Ski Alpin und Snowboard-

Berlin (Sekundarstufe II, 2006; S. 31)	Bewegungsfeld Fahren, Rollen, Gleiten (Skifahren), Fahren und Gleiten auf Schnee (Skilanglauf, Snowboardfahren)
Bremen (Sekundarstufe I, 2006, S. 20)	Mit dem erworbenen Können [Gleiten, Fahren, Rollen, Anm. d. Verf.] neue Handlungsbedingungen bewältigen (z. B. Schneearten, Geländeformen, usw.).
Brandenburg (Sekundarstufe I, 2008, S. 32; Sekundarstufe II, 2012, S. 26)	Bewegungserfahrungen in diesem Bewegungsfeld sind für die Schülerinnen und Schüler eine attraktive Herausforderung an ihr Bewegungsvermögen. Die besonderen Formen der Fortbewegung auf Rädern, Rollen, Kufen, Skiern oder in Booten stellen hohe Anforderungen an das dynamische Gleichgewicht und an die Bewegungssteuerung. [...] Inhalt: grundlegende Techniken des Fahrens, Rollens oder Gleitens mit dem jeweiligen Sportgerät zum sicheren, verantwortungsbewussten Fortbewegen, Sicherheitsvorschriften und -maßnahmen sowie sachgerechter Umgang mit dem Material, fahr-, roll- oder gleitspezifische Kondition und Koordination wie dynamisches Gleichgewicht, räumliche Orientierungs- und kinästhetische Differenzierungsfähigkeit, Grundlagenausdauer, wesentliche Grundsätze, Zusammenhänge und praktische Beispiele fitness- und gesundheitsorientierten Bewegungshandelns mit dem jeweiligen Sportgerät.
Hamburg (Sekundarstufe II, 2009, S. 13)	[...],Form der Fortbewegung auf Rädern, Rollen, Kufen und Skiern [...]. Wichtig ist dabei der Umgang mit und die Wahrnehmung von Geschwindigkeit und Beschleunigung. [...] sind durch hohe Anforderungen an das Gleichgewicht und die Steuerungsfähigkeit gekennzeichnet. Durch die Weiterentwicklung und Optimierung der Bewegungsabläufe erweitern die Schülerinnen und Schüler ihr Bewegungsrepertoire und erschließen sich neue Bewegungsräume.
Mecklenburg Vorpommern (Sekundarstufe, 2006, S. 20)	[...] grundlegende Techniken des Fahrens, Rollens oder Gleitens mit dem jeweiligen Sportgerät zum sicheren, verantwortungsbewussten Fortbewegen, fahr-, roll- oder gleitspezifische Kondition und Koordination wie dynamisches Gleichgewicht, räumliche Orientierungs- und kinästhetische Differenzierungsfähigkeit, wesentliche Grundsätze, Zusammenhänge und praktische Beispiele fitness- und gesundheitsorientierten Bewegungshandelns mit dem jeweiligen Sportgerät.

Niedersachsen (Sekundarstufe I, 2005, S. 20)	Die Prüfung umfasst Aufgabenstellungen aus nur einer der Sportarten Kanu, Rudern, Segeln, Inlineskating, Radfahren, Ski fahren, Surfen. Inhalte können sein: Absolvieren einer Strecke auf Zeit oder im Wettbewerb, die Überprüfung von mindestens 3 Techniken, die Realisierung von 2 Spielformen oder die Absolvierung eines Geschicklichkeitsparcours.
Nordrhein-Westfalen (Sekundarstufe I, 2001, S. 20)	Wintersport: Gleiten auf Schnee und Eis (z. B. Skifahren und Skilaufen, Snowboardfahren, Eislaufen und Eisschnelllauf)
Rheinland Pfalz (Sekundarstufe I, 1998, S. 52)	Bei Fahrten mit sportlichem Schwerpunkt kann ein besonderer Beitrag zum Erleben von Sport in der Gemeinschaft geleistet werden. Die Schülerinnen und Schüler lernen bei gemeinsamen Unternehmungen, Rücksicht auf andere zu nehmen und sich in eine Gruppe zu integrieren. Meist ist mit diesen Fahrten auch ein besonders intensives Naturerlebnis verbunden (z.B. Orientierungswandern, Radwanderungen, Wanderfahrten auf dem Wasser mit Kajaks, Kanus oder Ruderbooten, Schullandheimaufenthalt mit Skilauf, Segeln, Windsurfen).
Sachsen (Gymnasium, 2011, S. 54)	Sportliche Handlungsfähigkeit wird im Lernbereich Wintersport durch die spezifischen Formen der Fortbewegung auf Eis und Schnee und die damit verbundenen vielfältigen Bewegungs- und Körpererfahrungen besonders erlebnisnah ausgebildet. [...] Abgeleitet aus dem hohen freizeitrelevanten Wert wintersportlicher Aktivitäten wird die Verknüpfung der Perspektiven Gesundheit, Wagnis und Körpererfahrung empfohlen. Umweltgerechtes Handeln und sicherheitsorientiertes Verhalten ist dabei durch gezielte Wissensvermittlung vorzubereiten und durch bewusstes Selbsterleben anzuwenden.
Sachsen-Anhalt (Gymnasium, 2003, S.153)	Die Schülerinnen und Schüler können grundlegende Techniken anwenden, ein verbessertes Niveau der aeroben Ausdauer, Kraftausdauer, der Koordination, der Gleichgewichtsfähigkeit und der Beweglichkeit nachweisen, Freude am Miteinander bei gemeinschaftlichem Skilauf und am fairen Gegeneinander bei Wettkampfformen empfinden, die Loipen- und Pistenregeln einhalten und allgemeine Sicherheitserfordernisse akzeptieren, mit der Natur rücksichtsvoll umgehen sowie die Ausrüstung sachgerecht behandeln und den Schneeverhältnissen entsprechend wachsen.
Thüringen (Gymnasium, 2012, S. 47)	Im Lernbereich Wintersport vermitteln die Formen der Fortbewegung auf Schnee und Eis ein besonderes Bewegungsgefühl und ermöglichen vielfältige Bewegungs- und Körpererfahrungen. Der Schüler entwickelt Kompetenzen, die ihn zu einem sicheren Umgang auf Schnee und Eis mit den Wintersportgeräten befähigen. Er verbessert seine konditionellen (Ausdauer, Kraft) und koordinativen Fähigkeiten, insbesondere die Gleichgewichtsfähigkeit.

Tab. 1: Ausgewählte Zitate aus den Bildungsplänen der Bundesländer zur Thematik „Schneesport im Sportunterricht" (Quelle: http://www.lehrer-online.de/lehrplaene.php)

fahren muss ein Skihelm getragen werden. Aktuelle Informationen zur Schnee- und Wetterlage, insbesondere bei Lawinengefahr, sind einzuholen und unbedingt zu beachten. Bei der Planung von Touren ist nicht nur der Schwierigkeitsgrad der Streckenführung, sondern auch die Wetterlage zu berücksichtigen. Genaue Ortskenntnisse sind erforderlich" (Niedersachsen, Sekundarstufe II, 2005, S. 11). „Der Unterricht findet im Rahmen eines Skikurses auf öffentlichen Pisten und Loipen innerhalb des allgemeinen Skibetriebs statt. Die Vermittlung von Methodenkompetenz bezieht sich deshalb besonders auf das selbständige Anwenden der erlernten Fähigkeiten und Fertigkeiten in ständig wechselndem Gelände und in sich verändernden Situationen, z. B. bei unterschiedlichen Schnee-, Wetter- und Pistenverhältnissen. Dabei steht der Sicherheitsaspekt stets im Vordergrund" (Rheinland Pfalz, Sekundarstufe I, S. 52, 1998).

Auch das Naturerlebnis bzw. die Auseinandersetzung mit der Natur wird immer wieder betont. „Da sportliche Betätigungen im Freien nicht durchgängig umweltfreundlich sind, ist bei der Planung einer Fahrt deren Umwelt- und Sozialverträglichkeit kritisch zu prüfen (z. B. Wahl des Verkehrsmittels, Verzicht auf das Skilaufen bei schlechter Schneelage, Berücksichtigung unterschiedlicher Wintersportarten, Meiden von Zielen in einem Gebiet mit Massentourismus). Statt passiven Naturkonsums soll die Auseinandersetzung mit der Komplexität und den ökologischen Gefährdungen sich wandelnder Landschaften angeregt werden" (Rheinland Pfalz, Sekundarstufe I, 1998, S.52).

Umfangreiche didaktisch motivierte Argumentation für die Befürwortung von schulischen Schneesport-Veranstaltungen und -Landschulaufenthalten wurden von Künzell, Szymanski und Theis (2008) vorgelegt. In einem erlebnispädagogischen Ansatz stellt Hafenmair (1998) Möglichkeiten des Kennenlernens und Ausprobierens des Bewegungsraums „Winterlandschaft" vor und zeigt dabei den integrativen Einsatz von verschiedenen Schneesportarten, wie Ski Alpin, Langlauf, Snowboard oder Big Foots.

1.3 Inhalte der Schneeschule

Der Inhalt der Schneeschule stellt eine Synthese bewegungs- und trainingswissenschaftlicher sowie sportpsychologischer Ergebnisse aus verschiedenen Forschungsbereichen der Sportwissenschaft dar (z. B. motorisches Lernen, Koordinationstraining, Techniktraining, Motivations- und Aufmerksamkeitsforschung) und fußt gedanklich, theoretisch und konzeptionell nicht unwesentlich auf der Idee der Ballschule Heidelberg (*Kröger & Roth* 1999, *Roth & Kröger* 2011). Im Gegensatz zu verschiedenen aktuellen Sportspiel-Konzepten in der Kinderausbildung („Teaching Games for Understanding"-Ansatz von *Griffin, Mitchell & Oslin* 1997; Ballschulkonzept von *Kröger & Roth* 1999), die dem Spielen das Primat zukommen lassen, steht das „Fahren, Rollen und Gleiten" im Mittelpunkt des vorgeschlagenen schneesportbezogenen Vermittlungsweges. Ausgangspunkt der Schneeschule ist ein aufgabenorientiertes Denken, das seine Wurzeln in den Arbeiten von Neumaier und Mechling (1995: Koordination) findet und von Hossner (1995: Koordination, Technik und Taktik), Roth (1998: Koordination, Technik und Taktik) und Memmert (2004: Taktik) in den letzten Jahren weiterentwickelt wurde. Im Bereich Koordination wurde immer wieder darauf hingewiesen, dass es – insbesondere aber nicht nur – für die Schulung der Koordination sinnvoll erscheint, den Terminus „Fähigkeiten" als latentes Konstrukt zur Kontrolle und Steuerung motorischer Verhaltensweisen, durch den Terminus „Anforderungen" zu ersetzen. Somit kann damit vorerst darauf verzichtet werden, näher auf die zugrunde liegenden sensomotorischen Fähigkeiten von Sportlerinnen und Sportler einzugehen. Es interessieren nur die zu lösenden Aufgabenstellungen. Für den Bereich Schneesportarten bedeutet dies, dass es immer um situationsadäquate Lösungen in schneesportspezifischen Aufgabenklassen gehen muss.

Welche Situationen sind nun in Sommer und Wintersportarten von besonderer Bedeutung? Oder wie es Hotz (1994, S. 167) formuliert: „Was wird in welcher Situation vom Lernenden an Voraussetzungen (Fähigkeiten), Strategien und Fertigkeiten erwartet und gefordert, um die aktuellen von ihm wahrgenommenen und um die mehr oder minder schwierig eingestuften Aufgaben meistern zu können?" Um das Primat des Fahrens, Rollens und Gleitens zu betonen (vgl. Diskussion der Bildungspläne), müssen insbesondere vestibuläre und koordinative Aufgabenstellungen in den Blick genommen werden, um grundlegende sensomotorische Kompetenzen zu schulen. Zurückgegriffen werden an dieser Stelle und in einem ersten Entwurf auf sportartübergreifende koordinative, technische und kognitive Basics. Auf den jeweiligen theoretischen Hintergrund der einzelnen Ansätze kann in den einzelnen Kapiteln nur kurz eingegangen werden. Verwiesen wird im Vorfeld auf die ersten beiden Bände der Praxisideen (*Kröger & Roth* 1999; *Hirtz, Hotz & Ludwig* 2000) sowie auf die darin enthaltenen weiterführenden Fachpublikationen. Die vorgeschlagenen sportartübergreifenden koordinativen, technischen und kognitiven Basiskomponenten bedürfen in Zukunft einer breiten empirischen Validierung sowie einer weiteren Ausdifferenzierung und Konkretisierung.

Zusammengefasst besteht das integrative Konzept der Schneeschule aus vier Inhaltsbereichen, die gleichzeitig als die möglichen Zugänge einer ersten spielerischen und allgemeinen

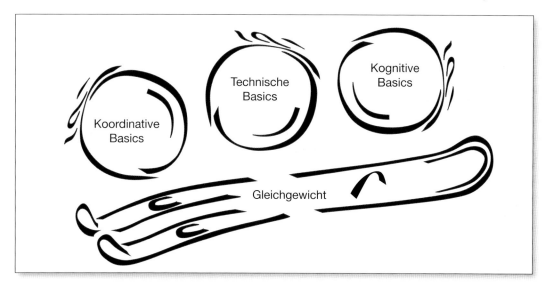

Abb. 3: Das Schneeschul-Konzept: Schulung von schneesportübergreifenden koordinativen, technischen und kognitiven Basics, die auf einer basalen Gleichgewichtsschulung fußen.

Grundausbildung für den Bereich Schneesport verstanden werden können (vgl. Abb. 3):

Ausgehend von diesen vier Zugängen werden eine Vielzahl von Spiel- und Übungsformen konstruiert (vgl. Kapitel 2, 3, 4 und 5), mit deren Hilfe die Kinder schneesportübergreifende Basics systematisch entwickeln und erwerben sollen, die primär beim Skifahren und Snowboarden aber auch beim Telemarken, Langlaufen oder Schlittschuhfahren von Bedeutung sind.

1.3.1 Koordinative Basics der Schneeschule

Koordination ist neben der Kondition, insbesondere der Ausdauer und der Kraft, eine der wichtigsten Beanspruchungsformen im Schneesport (vgl. *Haiboeck* 2000; *Hotz* 2001; *Köhler* 2002; *Vereijken* 1997; *Wenger* 1988). Eine einfache Definition der Koordination liefert Starosta (1990, S. 5): „Die Koordination ist die Fähigkeit des Menschen, komplizierte Bewegungen genau, schnell und unter verschiedenen Bedingungen durchzuführen." Ein hohes Niveau an Koordination bringt in vielen Bereichen des Lebens Vorteile mit sich. Eine gute koordinative Leistungsfähigkeit nach Neumaier (1999, S. 13):

- sichert die Bewältigung koordinativ bestimmter Anforderungen im Alltag, im Arbeitsprozess und in der Freizeit.
- gilt als eine entscheidende Einflussgröße auf das motorische Lernen bei der Aneignung von Bewegungsfertigkeiten und sportlichen Techniken.
- steigert die Freude an der Bewegungsausführung, weil die Bewegungen flüssig, rhythmisch, vielseitig und variationsreich gelingen.
- hilft die Bewegungsausführung zu ökonomisieren, da die Kräfte richtig dosiert werden können.

- bestimmt über die Qualität der Steuerung und Regelung der Bewegungsabläufe.
- ist ausschlaggebend für eine ausreichende Bewegungssicherheit.

Beim ersten Zugang der Schneeschule sollen demnach die koordinativen Basics thematisiert werden, die nach vorherrschender Meinung das entscheidende Fundament für die „sensomotorische Intelligenz" darstellen (*Roth* 1998). Diese legen den Grundstein dafür, dass Bewegungen schnell und gut erlernt, zielgerichtet und präzise kontrolliert sowie vielfältig und situationsangemessen variiert werden können (*Roth* 1996) und sind somit Leistungsvoraussetzung zur Bewältigung unterschiedlicher Bewegungen mit dominant koordinativen Anforderungen. Zur praktischen Umsetzung wird auf das Integrationsmodell von Neumaier (2006) mit seinen unterschiedlichen koordinativen Druckbedingungen vertraut. Verschiedene Autoren (u. a. *Memmert* 1999; *Huckenbeck* 1996) und die beiden wichtigsten deutschen Wintersportverbände DSLV und DSV heben zudem besonders die Gleichgewichtskomponente bei Schneesportarten sowie allgemeinen Indoor- und Outdoor-Sportarten hervor (vgl. auch die Bildungspläne der Länder).

Die Grundzüge des Modells der koordinativen Anforderungskategorien von Neumaier (2006) skizziert Abbildung 4, welche neben den gängigen Informationsanforderungen und den 5 Druckbedingungen die bedeutende Komponente der Gleichgewichtsanforderung als weitere Kompetenz integriert. In Anlehnung an Hirtz, Hotz und Ludwig (2000) werden im Kapitel 2 somit auch Spiel- und Übungsformen zur intensiven und weitestgehend isolierten Schulung der Gleichgewichtskompetenz schwerpunktmäßig in zwei Zugänge (wahrnehmungs- und kompetenzorientiert) gegliedert.

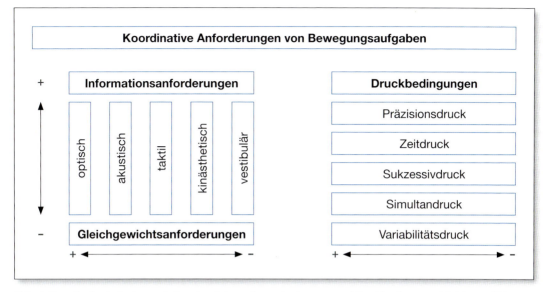

Abb. 4: Koordinative Anforderungskategorien (Informationsanforderungen und Druckbedingungen) (leicht modifiziert nach Neumaier 2006, S. 97)

Aus praxisbezogener Sicht kommt dem Gleichgewicht ein hoher Stellenwert zu, da es für fast alle Formen des Sich-Bewegens, des Spielens und des Sporttreibens eine unmittelbare Relevanz besitzt (zusammenfassend bei Hirtz, Hotz & Ludwig 2000). Geht die Kontrolle des Gleichgewichts verloren, befindet sich der Körper und damit der Mensch in einer beunruhigenden Situation. Zu einem Sturz kann es kommen, wenn durch Lageveränderungen des Körperschwerpunktes im Verhältnis zur Stützfläche das Körpergleichgewicht gestört wird. Deshalb ist die Sicherung bzw. Wiederherstellung des Gleichgewichts ein wichtiger Teil jeder Bewegungshandlung. Bei der Gleichgewichtskontrolle sind nach der klassischen Einteilung zwei Aspekte voneinander zu unterscheiden (*Fleishman* 1964; *Fetz* 1990):

- das Gleichgewicht in relativer Ruhestellung oder bei sehr langsamen Bewegungen erhalten (statisches Gleichgewicht)
- das Gleichgewicht bei umfangreichen und oft schnellen Lageveränderungen des Körpers erhalten und wiederherstellen (dynamisches Gleichgewicht)

Situationen bei denen es auf den Erhalt oder die Wiederherstellung des Gleichgewichts ankommt können nach Hirtz, Hotz und Ludwig (2000, S. 52) sein:

- beim Stehen und Gehen, beim Bücken und Treppensteigen, beim Roller- und Fahrradfahren, usw.
- bei Bewegungen auf labilen, begrenzten oder sich bewegenden Unterlagen (wie Schwebebalken-Turnen, Schneesport, Surfen, Wasserski, Radfahren)
- bei verschiedenen Arten von Drehungen um die Längs-, Breiten- und Tiefenachse (Wasserspringen, Eiskunstlauf, Skispringen, Trampolinspringen, usw.)
- während und nach unterschiedlichsten Störungen (alpiner Skilauf)
- bei schnellen Richtungs- und Geschwindigkeitsänderungen (Sportspiele, Schneesportarten)
- in der stützlosen Flugphase (bei allen Sprüngen, bes. Skispringen).

Aus diesem Grund stehen, auch unter Einbeziehung der Meinungen von Schneesport-Experten und unter dem Gesichtspunkt der Einfachheit und Praktikabilität, vier Arten des Körpergleichgewichts, quasi als Gleichgewichts-Basics, im Mittelpunkt der Schneeschule (vgl. *Hirtz, Hotz & Ludwig* 2000, S. 55), die in Tabelle 2 aufgeführt sind und im Weiteren keiner größeren Erläuterung bedürfen:

Wie aus dem Modell von Neumaier (2006, vgl. Abb. 4) hervorgeht, liegen Gleichgewichtsanforderungen etwas quer zu den übrigen Informationsanforderungen. Somit haben sich die Autoren – auch nach Experteninterviews – dazu entschlossen, dass die Gleichgewichts-Basics den anderen drei Inhalten zeitlich etwas vorangestellt werden. Sie scheinen für die Kinder so etwas wie die notwendigen (aber nicht hinreichenden) Bedingungen darzustellen, um die koordinativen, technischen und kognitiven Basics zu erwerben. Auf Grund der großen Bedeutung der Gleichgewichts-Basics in der Schneeschule wird ihnen ein eigenständiges Praxiskapitel (Kapitel 2) gewidmet. Abschließend muss noch darauf hingewiesen werden, dass auch bei dem Konstrukt Gleichgewicht aus wissenschaftlicher Sicht noch einige Fragen ungeklärt sind (z. B. Generalitäts-Spezifitäts-Problem: *Neumaier & Mechling* 1995; *Oliver* 1998); dies betrifft auch die genauen theoretischen und methodischen Querverbindungen zu den verschiedenen Druckbedingungen.

Nach der Beschreibung der wichtigen Gleichgewichts-Basics folgen nun 5 Druckbedingungen für den Schneesport, die ursprünglich von Neumaier und Mechling (1999) in ihrem Vereinigungsmodell vorgeschlagen wurden. Die verbleibenden von Hirtz (1985) gefundenen 5 fundamentalen koordinativen Fähigkeiten sind auch für den Schneesport relevant, werden jedoch über andere Komponenten im Vereinigungsmodell von Neumaier und Mechling (1995; z. B. Gleichgewicht) oder in den kognitiven Basics der Schneeschule mitgeschult. So wird beispielsweise die kinästhetische Differenzierungsfähigkeit und die komplexe Reaktionsfähigkeit den Druckbedingungen Variabilitätsdruck und Zeitdruck, und die räumliche Orientierungsfähigkeit der Kognition Umgebung im Blick behalten zugeordnet.

Standgleichgewicht:	Koordinative Aufgabenstellungen, bei denen es darauf ankommt, den Erhalt und die Wiederherstellung des Körpergleichgewichts bei beidbeinigen bzw. einbeinigen Bewegungen auf labilen Unterlagen und nach äußeren Störungen zu sichern
Balanciergleichgewicht:	Koordinative Aufgabenstellungen, bei denen es darauf ankommt, den Erhalt und die Wiederherstellung des Körpergleichgewichts bei beidbeinigen bzw. einbeinigen Bewegungen auf labilen Unterlagen, mit Richtungs- und Geschwindigkeitsänderungen sowie auf „körperverbundenen" Geräten zu sichern
Drehgleichgewicht:	Koordinative Aufgabenstellungen, bei denen es darauf ankommt, den Erhalt und die Wiederherstellung des Körpergleichgewichts bei und nach Drehbewegungen um verschiedene Körperachsen zu sichern
Fluggleichgewicht:	Koordinative Aufgabenstellungen, bei denen es darauf ankommt, den Erhalt und die Wiederherstellung des Körpergleichgewichts während kürzeren oder längeren stützlosen Flugphasen zu sichern

Tab. 2: Die 4 Gleichgewichts-Basics nach Hirtz, Hotz und Ludwig (2000)

Den koordinativen Fähigkeiten bzw. Anforderungen geht in Deutschland eine lange Forschungstradition voraus (im Überblick: *Hossner* 1995; *Neumaier* 1999, 2006; *Roth* 1998), und sie sind sicherlich auf den ersten Blick bislang ausgesprochen gut sportwissenschaftlich untersucht. Dennoch muss bereits an dieser Stelle kritisch darauf hingewiesen werden, dass auch die fünf koordinativen Anforderungen nach Neumaier und Mechling (1999) noch nicht hinreichend genau experimentell validiert wurden (vgl. *Büsch* 2001). Neben einer allgemeinen Koordinationsschulung können in einem ersten Schritt folgende Druckbedingungen berücksichtigt werden, deren Einfluss auf den Schneesport im Folgenden ausführlich besprochen wird (vgl. Tab. 3):

Diese 5 koordinativen Druckbedingungen werden im Folgenden an Beispielen aus dem Schneesport näher erläutert.

Präzisionsdruck:

Die koordinative Schwierigkeit einer Bewegungsaufgabe wird sehr stark von deren Anforderung an die präzise Kontrolle und Ausführung von Bewegungen bestimmt. Beim Präzisionsdruck kann man die Anforderungen an die Zielpräzision und an die Präzision der Ausführung selbst (Verlaufsgenauigkeit) voneinander trennen. Auf den Schneesport bezogen bedeutet dies, dass z.B. die Zielpräzision für das genaue Anfahren einer Kippstange verantwortlich ist und die Verlaufsgenauigkeit für die exakte räumlich-zeitliche Durchführung verschiedener Kurven benötigt wird. Eng verbunden mit dem Präzisionsdruck ist auch die Rhythmisierungs- und Wiederholungsgenauigkeit, wenn es beispielsweise darum geht, mehrere identische Kurven nacheinander zu fahren. Der Zusammenhang von Zeitdruck und Präzisionsdruck im Wintersport wird am Beispiel des Rennlaufs sehr deutlich: eine vorgegebene Strecke muss möglichst schnell gefahren werden (Zeitdruck), was jedoch nur möglich ist, wenn man in der Lage ist die Stangen genau anzufahren (Präzisionsdruck).

Zeitdruck:

Die Anforderungen bezüglich der erforderlichen Geschwindigkeit der Bewegungsausführung bzw. der Geschwindigkeit eine vorgegebene Strecke zu überwinden, d.h. des Zeitdrucks unter dem eine Bewegungsaufgabe zu bewältigen ist, stellt einen wesentlichen Faktor dar, der die schneesportbezogene koordinative Aufgabenschwierigkeit beeinflusst. Die gegenseitige Abhängigkeit von Bewegungsge-

Präzisionsdruck:	Koordinative Aufgabenstellungen, bei denen es auf höchstmögliche Genauigkeit ankommt
Zeitdruck:	Koordinative Aufgabenstellungen, bei denen es auf Zeitminimierung / Geschwindigkeitsmaximierung ankommt
Sukzessivdruck:	Koordinative Aufgabenstellungen, bei denen es auf eine Bewältigung vieler hintereinandergeschalteter (sukzessiver) Anforderungen ankommt
Simultandruck:	Koordinative Aufgabenstellungen, bei denen es auf eine Bewältigung vieler gleichzeitiger (simultaner) Anforderungen ankommt
Variabilitätsdruck:	Koordinative Aufgabenstellungen, bei denen es auf die Bewältigung von Anforderungen unter wechselnden Umgebungs-/Situationsbedingungen ankommt

Tab. 3: Die 5 koordinativen Basics der Schneeschule in Analogie der 5 Druckbedingungen von Neumaier (2006; siehe auch *Kröger & Roth* 1999; für neue Labels, vgl. *Weineck, Memmert & Uhing* 2012)

schwindigkeit und Bewegungspräzision muss beachtet werden, da durch den Versuch der Geschwindigkeitsoptimierung die Genauigkeit nicht abnehmen darf (z. B. darf unter einem schnell ausgeführten Kantwechsel die zugrunde liegende Bewegungstechnik nicht leiden).

Es lassen sich 2 Zeitdruck-Anforderungen voneinander trennen:
- Bewegungsbeginn / Reaktionsschnelligkeit: Die Reaktionszeit ist abhängig von der Art des Signals (optisch, akustisch, usw.) und von der verlangten Bewegungsantwort (einfache oder komplexe Bewegung). Hinzu kommt noch die Anzahl der möglichen Alternativen: z. B. wie schnell bemerkt man einen Buckel auf der Piste, und für welche Lösung entscheidet man sich, um die neue Situation zu bewältigen.
- Bewegungsdurchführung / Aktionsschnelligkeit: Hierbei handelt es sich um die Anforderung eine Bewegung möglichst schnell durchzuführen, bei der die inter- und intramuskuläre Koordination leistungsbestimmend ist, oder um die Bewältigung einer Strecke in einer vorgeschriebenen Zeit.

Sukzessivdruck:

Es ist davon auszugehen, dass die Koordinationsschwierigkeit steigt, wenn eine höhere Anzahl an verschiedenen Bewegungen durchzuführen ist. Beim Sukzessivdruck handelt es sich um Bewegungshandlungen, die nacheinander durchgeführt zu bewältigen sind. Beim Snowboardfahren kann dies der Fall sein, wenn ein Funpark befahren werden soll: viele verschiedene Geländeformen, Sprünge und Richtungsänderungen müssen nacheinander durchgeführt werden.

Simultandruck:

Auch beim Simultandruck ist davon auszugehen, dass die Koordinationsschwierigkeit steigt, wenn eine höhere Anzahl an verschiedenen Bewegungen durchzuführen ist. Hierbei handelt es sich jedoch um gleichzeitig zu realisierende Bewegungen. Ein Beispiel kann der Slalom liefern. Während dem Umfahren der Stangen müssen mehrere Aktionen gleichzeitig ausgeführt werden: das exakte Anfahren der Stangen, die richtige Ausführung der Skitechnik, das Wegschlagen der Stange mit dem richtigen Arm und zusätzlich alle Aktionen unter Zeitdruck. Viele Bewegungen, die gleichzeitig durchgeführt werden müssen, um ein optimales Ergebnis zu erreichen.

Variabilitätsdruck:

Die koordinativen Anforderungen steigen, je häufiger sich die Umgebungs- und Situationsbedingungen ändern. Eine große Variabilität ist Voraussetzung, um, auch in Wechselbeziehung mit dem Zeitdruck, schnell auf wechselnde Situationen zu reagieren. Im Schneesport kommt es häufig zu wechselnden Umgebungs- und Situationsbedingungen: Veränderungen der Piste (Gefälle, Beschaffenheit), Schneeart, Lichtverhältnisse, Beeinflussung durch andere Wintersportler, usw. Eine zusätzliche Wechselbeziehung besteht noch zu dem Kognitivelement Umgebung im Blick behalten, da es erst zu der Wahrnehmung der wechselnden Bedingungen kommen muss.

1.3.2 Technische Basics der Schneeschule

Die Schneeschule fußt zudem auf aktuellen theoretischen Erkenntnissen aus der Motorik-/Lernforschung, die in den letzten Jahren verstärkt in die sportwissenschaftliche Diskussion traten (vgl. *Hossner*, 1995) und unter anderem auch in den Ballschul-Lehrplänen (*Roth & Kröger* 1999; *Roth & Kröger* 2011; *Roth, Kröger & Memmert* 2002; *Roth, Memmert & Schubert*

2006) konsequent umgesetzt wurden. Zentraler Gedanke ist, dass die Kinder eine Vielzahl von sensomotorischen Bausteinen, quasi als allgemeine sportartunabhängige Basistechniken, erwerben können, aus denen sich später komplexere Bewegungen, beispielsweise aus Einzel-Sportarten (Volleyball) oder ganzen Sportartfamilien (Sportspiele, Schneesport, Indoor-, Outdoor-Sportarten), zusammensetzen lassen. Somit stehen alle technischen Basics im Mittelpunkt der Schneeschule, die später in schneesportspezifischen Techniken eine Rolle spielen, wie z. B. beim parallelen Kurvenfahren, Rennbasistechnik, Kurvenfahren mit Beugen der Beine oder Skatingtechnik. Zu diesen schneesportspezifischen Komponenten gehören beispielsweise nach vorherrschender Meinung die Körperschwerpunktverlagerung inklusive der Belastungsverteilung, die Rotation und das Kanten.

Der Gedanke vom sensomotorischen Transfer – Ähnlichkeiten von Bewegungen – ist in methodisch-didaktischen Modellen vieler Sportarten zumindest implizit seit langer Zeit vorhanden (Leist 1974). Aus den Ergebnissen von Hossner (1995) haben aber erst in jüngerer Zeit Hossner und Kortmann (1997) sowie Kröger und Roth (1999) volleyballspezifische bzw. sportspielübergreifende sensomotorische Anforderungsklassen abgeleitet. Die exakten Definitionen dieser sensomotorischen Bausteine können zusammen mit den theoretischen Annahmen (Modularitätshypothese von Fodor, 1983) und den bisherigen experimentellen Befunden bei Hossner (1995), Hossner und Kortmann (1997) sowie Kröger und Roth (1999) nachgelesen werden.

Die in Tabelle 4 angeführten schneesportübergreifenden Technikbausteine sind nur als erste (vorsichtige) Schritte anzusehen und bedürfen einer empirischen Validierung. Dazu werden aktuell am Institut für Kognitions- und Sportspielforschung der Deutschen Sporthochschule Köln experimentelle Transferstudien (Promotionsprojekt des Zweitautors) durchgeführt, die versuchen, den schneesportübergreifenden generellen Charakter der Technikbausteine näher zu klären. Zunächst wird auf der Basis von ersten Expertenmeinungen und einer kompletten und differenzierten Aufarbeitung der fach-

Kurven wechseln:	Sensomotorische Aufgabenstellungen, bei denen es darauf ankommt, die Umkantphase des Sportgeräts durch zielgerichtete Bewegungen im Sprung-, Knie- und Hüftgelenk so kurz wie möglich zu gestalten
Kurven steuern:	Sensomotorische Aufgabenstellungen, bei denen es darauf ankommt, den Kantwinkel des Sportgeräts in Abstimmung mit der Körperlage zu erhöhen, um eine Kurve präzise auszusteuern
Körperposition regulieren:	Sensomotorische Aufgabenstellungen, bei denen es darauf ankommt, den Körper bewusst in bestimmte Positionen zu bringen, oder regulative Bewegungen auszuführen, um eine bewegungsbereite Position trotz äußerer Einflüsse halten zu können
Drehungen koordinieren:	Sensomotorische Aufgabenstellungen, bei denen es darauf ankommt, Drehbewegungen (horizontale Richtung) im Sprung-, Knie- und Hüftgelenk korrekt aufeinander abzustimmen
Gleiten dosieren:	Sensomotorische Aufgabenstellungen, bei denen es darauf ankommt, das Sportgerät präzise auf der Unterfläche zu führen

Tab. 4: Die 5 technischen Basics der Schneeschule

didaktischen Literatur von 5 schneesportübergreifenden Technikbausteinen ausgegangen:

Im Folgenden werden die 5 technischen Basics ausführlich beschrieben:

Kurven wechseln:
Durch sensomotorische Aufgabenstellungen sollen Gelenkwinkelveränderungen trainiert werden, die mittels Kantbewegungen und Körperschwerpunktverlagerungen genutzt werden, um ein schnelles Umkanten zu ermöglichen. Unter Gelenkwinkelveränderungen versteht man eine Winkelveränderung beispielsweise im Sprunggelenk, d. h. es wird der Winkel zwischen Fuß (Sportgerät) und Unterschenkel verändert. Andere Gelenke, die zur oben genannten Funktion mit beitragen, können auch das Knie- und Hüftgelenk sein. Aus diesen Veränderungen folgen unterschiedliche Belastungsverteilungen und, in Verbindung mit der Veränderung der Körperposition, unterschiedliche Kantwinkel bezüglich der Unterlage. Winkelveränderungen, wie z. B. im Schulter-, Wirbelsäulen-, Ellenbogen- und Handgelenk, haben auf die jeweilige Schneesportart nur einen geringen Einfluss, da Bewegungen aufgrund der Nähe zum Sportgerät sinnvollerweise aus den Beinen initiiert werden sollten.

Kurven steuern:
Durch sensomotorische Aufgabenstellungen sollen Gelenkwinkelveränderungen trainiert werden, die den Kantwinkel erhöhen und die Kurvenlage anpassen, um den Kantendruck zu erhöhen und nutzen zu können, so dass die Kurve sauber auf der Taillierung des Sportgeräts ausgesteuert werden kann. Die Kurvenkräfte nehmen mit erhöhter Geschwindigkeit zu und ziehen den Wintersportler nach außen. Demnach muss er sich durch regulierende Kurvenlage dagegen lehnen. Ganz wichtig ist hier ein bewusstes Aufkanten, um einem Driften im Steuerungsverlauf entgegen zu wirken. Auch ändert sich die Position des Sportlers entlang der Längsachse des Sportgeräts, um den Druck gezielt auf die Kante zu bringen, wie beispielsweise beim Snowboarden, bei dem zum Carven das Gewicht entlang der Boardlängsachse auf das hintere Bein verlagert wird. Die Qualität der Abstimmung zwischen Kantwinkel und Körperposition auf dem Sportgerät entscheidet letztendlich maßgeblich über die Steuerqualität der Kurve und folglich auch über die Kontrolle und die Geschwindigkeit des Sportgeräts.

Körperposition regulieren:
Durch sensomotorische Aufgabenstellungen sollen Veränderungen der Körperposition trainiert werden um eine situativ flexibel anpassbare, bewegungsbereite Position über dem Sportgerät zu festigen. Diese ist notwendig um beispielsweise die Druckverteilung und das Kanten exakt zu regulieren, aber auch um im Freestylebereich aus einer mittigen Position in andere, für Tricks notwendige, Körperlagen zu gelangen. Somit ist die Körperposition auch für die Gleichgewichtsregulation und somit für den sicheren Stand auf dem Wintersportgerät hauptverantwortlich. Unter der Veränderung der Körperposition versteht man z. B. die Bewegungen des Körpers „vor-zurück", „links-rechts" und „hoch-tief" in Verbindung mit Gelenkwinkelveränderungen. Aus den verschiedenen Körperpositionen und deren Veränderungen können unterschiedliche Belastungs- und Aufkantverhältnisse erreicht werden, welche für den Kantendruck unerlässlich sind.

Drehungen koordinieren:
Durch sensomotorische Aufgabenstellungen sollen Drehungen mit verschiedenen Körperpartien und Gelenken trainiert werden, um ein Drehen des Sportgeräts oder des ganzen Sys-

tem Mensch hervorzurufen. Es gibt verschiedene Drehmechanismen:

Beindrehen / Ganzkörperdrehen / Vorausdrehen / Mitdrehen / Nachdrehen / Gegendrehen. Ohne Körperrotation kann ein Ski oder Snowboard nur über die Taillierung des Sportgeräts eine Richtungsänderung vornehmen. Daher ist es für den Kurvenwechsel wichtig, Drehbewegungen mit Körperschwerpunktverlagerungen zu kombinieren, um eine gezielte Veränderung der Fahrtrichtung vorzunehmen. In Verbindung mit dem Aufkanten des Schneesportgeräts kann das Drehen für die Feinabstimmung innerhalb der Kurvensteuerung genutzt werden. Drehungen können mit vielen verschiedenen Körperpartien eingeleitet und durchgeführt werden, wie z. B. durch den Oberkörper, den Kopf, die Beine, usw.

Gleiten dosieren:
Durch sensomotorische Aufgabenstellungen soll ein präzises Führen des Sportgeräts auf der Unterfläche trainiert werden. Beim Gleiten ist es wichtig, dass der Belag ganz plan aufliegt und beim Skifahren zusätzlich beide Ski gleich belastet werden. Nur bei einer parallelen Skiführung ist ein sauberes Gleiten möglich. Die Breite der Skistellung ist individuell und richtet sich nach den anatomischen Vorgaben des Sportlers. Beim Snowboarden ist gerade die seitliche Ausrichtung oft ein großes Hindernis um sauber zu gleiten. Um ein exaktes Gleiten zu gewährleisten, darf die Kante nicht miteinbezogen werden. Bei verschiedenen Wettkampfdisziplinen, wie z. B. dem Abfahrtslauf und dem Snowboard- bzw. Skicross spielt das Gleiten eine sehr große Rolle und entscheidet oft über Sieg oder Niederlage.

1.3.3 Kognitive Basics der Schneeschule

Neben den ersten drei Zugängen, in denen das Gleichgewicht und die koordinativen und technischen Grundlagen des Schneeschul-Konzeptes beschrieben werden, wird im letzten Zugang der Schneeschule auf Kognitionen eingegangen, da diesen in vielen Indoor- und Outdoor-Sportarten eine große Rolle beschieden wird (z. B. Eislauf: *Heim-Ryser & Jegher* 2006; Wasser-Ski: *Favret & Benzel* 1997). Was ist aber eine Kognition? „Ist Kognition eine abstrakte Fähigkeit, oder setzt sich Kognition aus mehreren Fähigkeiten zusammen? Genügt eine kognitive Fähigkeit, um bei einem Lebewesen / Artefakt von Kognitionen sprechen zu können? Welche Fähigkeiten kann man weglassen und kann trotzdem noch von Kognition sprechen? Wie ist das Verhältnis der einzelnen kognitiven Fähigkeiten zueinander einzuschätzen: Bloße additive Anordnung? Hierarchische Struktur? Sind die kognitiven Fähigkeiten als Module der Gesamtkognition anzusehen?" (*Müller* 1998, S. 8). Nach Kluwe (2002, S. 84) lässt sich das generelle Forschungsinteresse der Kognitionswissenschaft wie folgt beschreiben: „Die Kognitionswissenschaft strebt die Analyse der Strukturen und der Prozesse von Mechanismen an, die intelligenten Leistungen zugrunde liegen, d. h. der Strukturkomponenten, ihren Verknüpfungen und ihrem Zusammenwirken sowie der Prozesse, die über diesen Strukturen und zwischen strukturellen Einheiten ablaufen. Sie untersucht die Komponenten dieser Prozesse und ihrer Organisationsprinzipien. Beispiele für Kognitionen wären Antizipation, Wahrnehmung (Informationsaufnahme und -verarbeitung), Aufmerksamkeit, Vorstellung, Denken und Bewerten, Pläne sowie Strategien.

Die Forschungslage dazu steht in der allgemeinen Psychologie, der Bio- und Entwicklungspsychologie oder auch der Neurowissenschaft sicherlich eher am Anfang als am Ende. Dies verdeutlichen allgemeine Überblicksbeiträge (z.B. *Roth & Menzel* 2001) und auch domänenspezifische Arbeiten (z.B. speziell mit Sportspielbezug: *Memmert 2004*). Somit liegen auch insbesondere im Bereich der Schneesportarten und der Indoor- und Outdoor-Sportarten noch keine echten theoretischen Rahmenmodelle oder empirische Befundmuster vor. Nichtsdestotrotz wird an dieser Stelle die Meinung vertreten, dass auch in den Schneesportarten allgemeine und spezifische Kognitionen eine bedeutsame Rolle spielen und die Praxis gut beraten ist, nicht zu warten, bis empirisch alles bis ins kleinste Detail geklärt ist. Ein solches strategisches Vorgehen hat sich beispielsweise auch in der Ballschule von Kröger und Roth (1999) bei der Beschreibung von allgemeinen sportspielübergreifenden Taktikbausteinen als Vorteil erwiesen.

Die kognitiven Basics können Lehrern und Trainern die Möglichkeit eröffnen, bewusst verschiedene Kognitionen gezielt zu fördern und somit den Lernprozess von Kindern und Jugendlichen positiv zu beeinflussen. Ohne Anspruch auf Vollständigkeit und eher als erster Vorschlag zum Problemaufriss für weitere Forschungsprogramme werden im Folgenden 5 kognitive Basics vorgestellt, die nach Expertenmeinung bedeutsam für das Agieren in verschiedenen Schneesportarten sein können:

Im Folgenden werden die 5 kognitiven Basics näher beschrieben:

Sich verfügbar machen:

Durch verschiedene Aufgabenstellungen soll trainiert werden, eine Bewegungsausführung zum richtigen Zeitpunkt vorzubereiten und einzuleiten. Es handelt sich hierbei um eine Vielzahl verschiedener Aktionen, wie beispielsweise die Kurveneinleitung, der Absprung, das Bremsen, usw. Dazu zählen auch Aufgaben, bei denen es darauf ankommt, den korrekten Absprungort präzise anzusteuern, um Sprünge und Drehungen optimal zu steuern.

Belastungen standhalten:

Die Auswirkungen der psychischen Belastung sind abhängig von der Aufgabenstellungen und von der äußeren Situation. Psychische Prozesse, die beansprucht werden, können beispielsweise die Konzentration, der Wille, die Motivation oder Emotionen sein. Insbesondere der Einfluss von Stress und Angst ist sowohl bei Schneesportarten als auch Indoor- und

Sich verfügbar machen:	Kognitive Aufgabenstellungen, bei denen es darauf ankommt, eine Bewegungsausführung zur richtigen Zeit vorzubereiten bzw. einzuleiten
Belastungen standhalten:	Kognitive Aufgabenstellungen, bei denen es darauf ankommt, eine Bewegungsausführung auch unter psychisch belastenden Bedingungen (Stress, Angst etc.) korrekt auszuführen
Umgebung im Blick behalten:	Kognitive Aufgabenstellungen, bei denen es darauf ankommt, seine Umgebung (Pistenverhältnisse, Kippstangen etc.) ständig korrekt wahrzunehmen
Breite Aufmerksamkeit erzeugen:	Kognitive Aufgabenstellungen, bei denen es darauf ankommt, zwei weiter auseinander liegende Aspekte seiner Umwelt angemessen wahrzunehmen
Grenzen überwinden:	Kognitive Aufgabenstellungen, bei denen es darauf ankommt, sich an seine eigenen Grenzen heranzutasten

Tab. 5: Die 5 kognitiven Basics der Schneeschule

Outdoor-Sportarten zu beachten. Befindet man sich beispielsweise in einem Wettkampf, muss man eine neue Aufgabe lösen, wird man mit einer schwierigen Situation (Schneesturm etc.) konfrontiert oder müssen Handlungen unter großem Zeitdruck durchgeführt werden, so erhöht sich die psychische Beanspruchung der Kinder und Jugendlichen. Die Ausbildung einer psychisch stabilen und stressresistenten Belastungskompetenz wird gefördert, indem koordinative und technische Aufgaben unter psychisch stärker beanspruchenden Bedingungen durchgeführt werden.

Umgebung im Blick behalten:

Durch sensomotorische Aufgaben soll trainiert werden, dass der Sportler immer in der Lage ist seine Umgebung korrekt wahrzunehmen. Bei der Wahrnehmung der Umgebung fällt dem Auge eine führende Rolle zu. Neben dem zielgerichteten Sehen ist das periphere Sehen, d.h. das Sehen in den äußeren Bereichen unseres Sichtfeldes, Grundlage für das sichere Bewegen auf viel befahrenen Pisten. Die wirksame Unterstützung des Lernfortschritts durch die Fähigkeit, seine Umgebung im Blick zu behalten, wird bereits im Kinderskiunterricht deutlich sichtbar (vgl. *Deutscher Skilehrerverband* 2012a,b,c; *Deutscher Skiverband* 2012a,b). Unser visuelles Wahrnehmungssystem muss trainiert werden, um bei guten wie bei schlechten Sichtverhältnissen und bei unvorhergesehenen Störungen eigene und fremde Bewegungen zu erkennen, Lagen im Raum zu orten, Entfernungen richtig einzuschätzen, Entfernungsänderungen richtig zu koordinieren und das Gelände und seine Veränderungen schnell zu erkennen. Durch diese Kompetenz soll ein optimales Kurvenfahren und ein sicheres und unfallfreies Befahren der Pisten gewährleistet werden.

Breite Aufmerksamkeit erzeugen:

Entscheidend für ein schnelles und sicheres Fahren auf der Piste ist es, wenn der Skifahrer oder Snowboarder in der Lage ist, zwei Objekte gleichzeitig in seiner Umgebung differenziert und exakt bewusst wahrzunehmen. Beispielsweise ist es wichtig, eine Kuppe präzise wahrzunehmen und gleichzeitig eine so große Aufmerksamkeitsbreite zu haben, um ggf. noch rechtzeitig zu bremsen, um nicht mit einem Skifahrer, der von rechts kommt, zusammenzustoßen. Damit unterscheidet sich diese Kognition gänzlich vom peripheren Sehen (vgl. *Memmert* 2014). Hüttermann, Memmert und Simons (2014) sprechen hier von einem attention window, was möglichst in der vertikalen und horizontalen Ebene groß sein sollte, um besser auf zwei verschiedene Ereignisse reagieren zu können.

Grenzen überwinden:

Durch verschiedene Aufgaben soll geübt werden, dass man sich traut an seine eigenen Grenzen zu gehen und sie unter Umständen auch zu überwinden. Manchmal müssen die eigenen Grenzen erst einmal kennengelernt werden, bevor damit begonnen wird sich an die Grenzen heranzutrauen oder sie zu überwinden. Solche Grenzen und Ängste können beispielsweise die Geschwindigkeit, physische Leistungsgrenze, der Sturz, Unebenheiten, verschiedene Witterungsverhältnisse (Nebel, Schneefall), Angst vor Neuem (neue Bewegungsabläufe), Unstimmigkeiten im Umgang mit anderen Personen, usw. sein. Dieses sich überwinden, auf solche Situationen bezogen, soll durch Übungsreihen und vorsichtigen Umgang mit den Grenzsituationen verbessert werden. Zu einigen Bereichen, in denen das Überwinden eine Rolle spielt, wie bei dem Überfahren von Unebenheiten oder Ungleichgewichtszustände durch die Veränderung der Körperposition, werden keine gesonderten Übungen angeboten, da diese im Technikbereich mittrainiert werden.

Das Überwinden zu schulen ist so betrachtet die Möglichkeit, die eigenen persönlichen Grenzen in verschiedenen Situationen auszutesten. Es ist damit Basis für jede Weiterentwicklung der persönlichen Leistungsfähigkeit.

Inwieweit man von einer Überwindungsfähigkeit sprechen kann und damit Transfereffekte wahrscheinlich erscheinen, ist wissenschaftlich noch nicht geklärt. Die Erfahrung in der Praxis zeigt jedoch, dass Sportler die gerne in Extremsituationen experimentieren, diese Eigenschaft auch in jeder anderen Situation zeigen.

1.4 Methoden der Schneeschule

Nachdem die Ziele und Inhalte der Schneeschule detailliert vorgestellt wurden, werden in diesem Kapitel prägnant die einsetzbaren Methoden in der Schneeschule thematisiert. Dazu werden zunächst methodische Möglichkeiten zur Schulung des Gleichgewichts, dann der Druckbedingungen und zuletzt der technischen Basics beschrieben.

Menschen besitzen elementare Ressourcen, Fertigkeiten und Fähigkeiten zum Erhalt und auch zur Wiederherstellung des Körpergleichgewichts (vgl. *Kirchner & Schaller* 1996; *Kirchner & Stöber* 1994). Gleichgewichtsüben kann nach Hirtz, Hotz und Ludwig (2000) sowohl ressourcenorientiert (d. h. wahrnehmungs-, fertigkeits- und fähigkeitsorientiert) als auch bewusst kompetenzorientiert (d. h. Bewältigung vielgestaltiger, altersadäquater, komplexer sportspezifischer Gleichgewichtsanforderungen) erfolgen. Exakt diese beiden Zugänge sollen im Schneeschul-Konzept bei der Schulung der vier Gleichgewichtsarten berücksichtigt werden.

Die ressourcenorientierte Schulung dient laut Hirtz et al. (2000) dem Üben und Vervollkommnen personeninterner Gleichgewichtsressourcen, wohingegen die Organisation umgebungsspezifischer und interaktionaler Maßnahmen den kompetenzorientierten Teil der Gleichgewichtsschulung ausmacht. Methodisch stützt sich das ressourcenorientierte Üben auf die Sensibilisierung, Standardisierung und zielgerichtete Variation im Gegensatz zum ganzheitlichen Üben bei der kompetenzorientierten Schulung des Gleichgewichts.

Bei der kompetenzorientierten Schulung des Gleichgewichts steht das integrative und funktionale Erlernen verschiedener sportartspezifischer Fertigkeiten im Mittelpunkt (z. B. Inline-Skaten oder Mountainbike fahren). Diese Trendsportarten können vor allem im Sommer vermittelt und durchgeführt werden. Natürlich werden auch ganzheitliche Übungen zur Vermittlung von schneesportspezifischen Bewegungen (Ski-Alpin, Snowboard, Langlauf, usw.) beschrieben. Sie untergliedern sich in Habituations- und Sensibilisierungstraining. Das Habituationstraining bezweckt eine Reduktion der Empfindlichkeit gegenüber Drehreizwahrnehmung und bewirkt eine optimale Präzision, Orientierung und Sicherheit, sowie ein besseres generelles Gefühl nach Drehbewegungen. Beim Sensibilisierungstraining sollen die unterschiedlichen Sinnesgegebenheiten miteinander verschmelzen, wobei die Wirkungszusammenhänge gespürt bzw. erspürt werden sollen. Das geschieht beispielsweise durch ein „Bewusstmachen kinästhetischer Empfindungen oder durch den Ausschluss optischer Informationen" (*Hirtz, Hotz, & Ludwig* 2000, S. 70).

Zur Schulung der 5 Druckbedingungen wird auf die bekannte und mittlerweile etablierte Formel zur Koordinationsschulung gesetzt (vgl. *Roth* 1998; *Kröger & Roth* 1999). Dabei werden zunächst sicher beherrschte Techniken genommen, um die allgemeinen perzeptiven und koordinativen Anforderungsklassen mit hoher Vielfalt und Variabilität zu schulen (vgl. Abb. 5). Es geht also darum, bekannte Techniken im Schneesport unter erschwerten Situationen, sprich den verschiedenen Druckbedingungen, einzusetzen. Dies können beispielsweise motorische oder kognitive Zusatzaufgaben sein.

Dabei kann man sich auch das Koordinationstraining wie ein Regler vorstellen, wie es Neumaier (1999) zum ersten Mal vorgeschlagen hat. Somit kann man beispielsweise verschiedene schneesportspezifische Situationen kreieren, in dem man die notwendigen Informationsanforderungen und Druckbedingungen entsprechend auswählt (vgl. Abb. 6).

Beim Training der technischen Basics der Schneeschule ist ebenfalls Variabilität Trumpf („Variability of Practice-Hypothese" von Schmidt 1975). Die Anzahl der Wiederholungen beruht nicht auf einer Maximierung, sondern auf der Optimierung von Wiederholungszahlen und Trainingsdauer. Zudem kann nach dem methodischen Prinzip „Wiederholen ohne zu wiederholen" vorgegangen werden (*Schöllhorn* 1999).

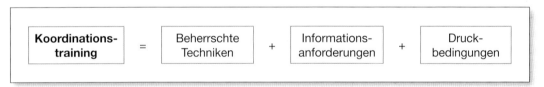

Abb. 5: Formel zur Schulung der koordinativen Anforderungen (nach *Roth* 1998)

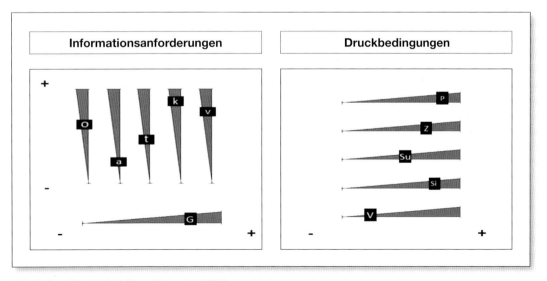

Abb. 6: Das „Regler-Modell" von Neumaier (1999)

1.5 Zusammenfassung

- Die Schneeschule geht von den anerkannten Prinzipien des Kindersports aus: Vielseitigkeit und Kindgemäßheit. Kinder brauchen ganzheitlich konzipierte, entwicklungsgemäße und vielseitige Bewegungsangebote.
- Im ersten Kapitel wurden die Ziele, Inhalte und Methoden einer allgemeinen Schneeschule für Schule und Verein näher beschrieben. Das Konzept stellt eine Synthese bewegungs- und trainingswissenschaftlicher sowie sportpsychologischer Ergebnisse aus verschiedenen Forschungsbereichen der Sportwissenschaft dar.
- Die Ziele der Schneeschule sind multifaktoriell. Neben dem Erwerb einer motorisch-kognitiven Basis für ein lebenslanges Sporttreiben kann auch eine allgemeine Sturz-Prophylaxe erfolgen. Zudem können durch eine nachhaltige Talentförderung mehr deutsche Erfolge in verschiedenen Schneesportarten im internationalen Vergleich möglich werden und – nicht nur dadurch – die Skiclubs steigende Mitgliederzahlen erfahren. Insgesamt weiß man, dass Bewegung im Allgemeinen und im Speziellen die Motorik fördert und auch Einfluss auf den Gesundheitsstatus, die mentale Fitness und die Kognition nimmt.
- Insbesondere die Bildungspläne weisen darauf hin, dass im Sportunterricht einerseits Fahren, Rollen und Gleiten mit verschiedenen Materialien zu schulen ist und andererseits Schneesportarten als eine ideale Möglichkeit für die Schulung koordinativer Anforderungen anzusehen sind.
- Der Inhalt des Schneeschul-Konzeptes besteht aus vier Grundpfeilern, die gleichzeitig als die möglichen Zugänge einer ersten spielerischen und allgemeinen Grundausbildung für den Bereich Schneesport verstanden werden können. Ausgehend von diesen vier Zugängen können die Kinder eine schneesportübergreifende Basis erwerben, die beim Skifahren, Snowboarden, Telemarken, Skilanglauf oder Schlittschuhfahren von Bedeutung ist.
- Im Rahmen des ersten Zugangs werden vier Gleichgewichts-Basics thematisiert, die in nahezu allen Wintersportarten sowie auch ganzjährigen Fun-Sportarten eine große Rolle spielen. Dieser Zugang ist den anderen drei Inhalten zeitlich etwas vorangestellt, da die koordinativen, technischen und kognitiven Basics darauf aufzubauen scheinen.
- Im Rahmen des zweiten Zugangs beinhalten die koordinativen Basics die Schulung fünf koordinativer Druckbedingungen.
- Im dritten Zugang erwerben die Kinder eine Vielzahl von technischen Basics, aus denen sich später komplexere schneesportbezogene Bewegungen zusammensetzen lassen. Diese Technikkomponenten stehen im Mittelpunkt des Schneeschul-Konzeptes, und spielen später in schneesportspezifischen Techniken eine große Rolle, wie beispielsweise beim parallelen Kurvenfahren, Kurvenfahren mit Beugen der Beine oder Skatingtechnik im Skilanglauf.
- Im vierten Zugang können die Kinder kognitive Fähigkeiten erwerben, die nach Expertenmeinung und nach Meinung der fachdidaktischen Literatur (Rahmentrainingspläne Ski-Alpin, Snowboard) eine Grundlage für die individuelle Weiterentwicklung der persönlichen Leistungsfähigkeit darstellen.
- Die Methoden der Schneeschule reichen von ressourcen- und kompetenzorientiertem Gleichgewichtstraining über die allgemeine Formel zur Koordinationsschulung bis hin zu variablem Training der technischen Basics.
- Ein wichtiger Bestandteil der Schneeschule ist die Einbindung von Trendsportarten. So sollen die verschiedenen Komponenten im

Sommer mit speziellen Übungen in der Halle und im Freien auf Inline-Skates, Skateboards, Waveboards oder Mountainbikes geschult werden.
- Die Rolle des Lehrers / Trainers ist entscheidend bei der Förderung von motorischer und kognitiver Flexibilität. In der Schneeschule wird die Lust am Risiko samt der Balance, das eigene Gleichgewicht noch im Griff zu halten, thematisiert. Die Kinder und Jugendliche sollen ihr Un-Gleichgewicht in Grenzdimensionen fühlen und erfahren wieviel Spaß es macht, neue Sportarten kennenzulernen.

2 Gleichgewichts-Basics im Schneesport

2.1 Einleitung

In diesem Kapitel wird die Schulung von zentralen Gleichgewichts-Basics im Schneesport beschrieben. Im Folgenden werden Spiel- und Übungsformen zur intensiven und weitestgehend isolierten Schulung der Gleichgewichtskompetenz präsentiert. Diese werden in Anlehnung an Hirtz, Hotz und Ludwig (2000) schwerpunktmäßig in zwei Zugänge, einen ressourcenorientierten und einen kompetenzorientierten, gegliedert, in denen jeweils 4 Arten des Körpergleichgewichts (Stand-, Balancier-, Dreh- und Fluggleichgewicht) thematisiert werden (vgl. Kapitel 1).

Sowohl für dieses als auch die folgenden Kapitel der Aufgabensammlung erscheint es den Autoren als wichtig, dass sie keinesfalls Vollständigkeit beanspruchen, sondern als kreativer Ideengeber angesehen werden. Angestrebt wird, dass sich der Leser in den vorgestellten Bereichen flexibel bewegt und durch Variation und Kombination einzelner Übungsinhalte eine Vielzahl an weiteren, anspruchsvollen Bewegungsaufgaben erschaffen kann mit dem Fokus auf wintersportspezifische motorische Muster, so dass ein Transfer zur eigentlichen schneesportlichen Betätigung erleichtert wird.

Die folgenden Spiel- und Übungsformen sowie Vermittlungswege wurden inspiriert durch Recherchen der fachdidaktischen Literatur (bspw. *Kosel* 2001, *Weigl* 2004, *Hirtz* et al. 2000, *Chwilkowski* 2006, *Roth & Kröger* 2011, *Ziegler* 2011 *Weineck* et al. 2012) und den aktuellen Lehrplänen des DSLV (2012a,b,c) und DSV (2012a,b) sowie aus eigener Expertise.

2.2 Ordnungskriterien

Die Spiel- und Übungssammlung wird wie folgt strukturiert: Die Einteilung erfolgt zunächst nach den behandelten Zugängen (ressourcenorientiert und kompetenzorientiert). Beide differenzieren in die von Hirtz, Hotz und Ludwig (2000) beschriebenen 4 Gleichgewichtsarten: Standgleichgewicht, Balanciergleichgewicht, Drehgleichgewicht und Fluggleichgewicht. Es werden außerdem die Druckbedingung angegeben, welche die Übung vornehmlich schult, und eine Liste mit den notwendigen bzw. optional aufschaltbaren Materialien. Oftmals stehen dabei Ski, Snowboard, Inline-Skates und Skateboard synonym für weitere Outdoor- und Funsportgeräte wie bspw. Langlaufski, Scooter, Kickboard, usw.

Betrachtet man die Vielzahl der teilweise gleichzeitig oder auch hintereinander geschalteten Bewegungen bei den in der Übungssammlung aufgeführten Sportarten, so wird man leicht zustimmen, dass man oftmals nicht exklusiv eine Gleichgewichtsart allein trainieren kann, ohne eine oder mehrere der Anderen mit zu schulen. In der Übungssammlung werden dennoch immer nur die Gleichgewichtsarten angegeben, auf denen für die jeweilige Übung der Fokus liegt, ohne dadurch die übrigen ausklammern zu wollen.

Neben dem Titel wird die Komplexitätsstufe von I (leicht) bis III (schwer) der Aufgabe geschätzt, die als ungefähres Maß dienen kann, bei welcher Alters- bzw. Könnensstufe die Übungsformen sinnvoll anwendbar sind.

2.3 Aufgabensammlung

2.3.1 Ressourcenorientierte Gleichgewichts-Basics

1	Auf zwei Beinen		I–II
Ressourcenorientiert	**Art des Körpergleichgewichts**	**Druckbedingungen**	**Materialien**
Sommer	Standgleichgewicht	Präzisionsdruck Simultandruck	Bälle Ballkissen Medizinbälle Schwebebalken Sportkreisel Turnbänke Turnkastenoberteile Weichbodenmatten

Aufgabenstellung:

Unterschiedliche Bewegungen sollen im Stand auf beiden Beinen ausgeführt werden. Es wird vermehrt auf labilen Unterlagen sowie mit äußeren Einflüssen geübt.

Übungsbeispiele:

1. Auf einem Ballkissen stehend gegengleich Ferse und Zehen anziehen und wechseln.
2. Auf zwei Ballkissen stehend langsam in die Abfahrtshocke absenken, halten und wieder aufrichten.
3. Auf zwei Ballkissen stehend zusätzlich verschiedene Aktionen mit einem Ball durchführen: von der linken in die rechte Hand werfen, hochwerfen und fangen, um den Kopf / Hüfte / Knie kreisen, vor hinter und neben dem Körper prellen, usw.
4. Aus mehreren Medizinbällen und einem Turnkastenoberteil ein Surfbrett bauen und darauf balancieren. Auch zu zweit oder mit mehreren Kindern möglich.
5. Partnerübung: Auf zwei Ballkissen stehend gegenseitiges Ball zuwerfen der beidhändig / einhändig gefangen und zurückgeworfen werden soll. Auch auf einer Turnbank oder einem Schwebebalken möglich.
6. Partnerübung: Auf zwei Ballkissen stehend versuchen einen, von beiden Kindern festgehaltenen, Medizinball durch ziehen und schieben in seine Gewalt zu bringen. Auch auf einer Turnbank oder einem Schwebebalken möglich.

Variationen:

- Anstelle von Ballkissen können auch Weichbodenmatten, Medizinbälle, Sportkreisel und ähnliches genutzt werden.
- Es sollten unterschiedliche Bälle zum Einsatz kommen.

Hinweise:

- Die Kinder sollen das aus dem Gleichgewicht geraten und das Gleichgewicht wieder herstellen erfahren.

2 Auf einem Bein II–III

Ressourcenorientiert	Art des Körpergleichgewichts	Druckbedingungen	Materialien
Sommer	Standgleichgewicht	Präzisionsdruck Simultandruck	Bälle Ballkissen Medizinbälle Schwebebalken Sportkreisel Turnbänke Weichbodenmatten

Aufgabenstellung:

Unterschiedliche Bewegungen sollen auf einem Bein ausgeführt werden. Die Standübungen werden auf festen und labilen Unterlagen, sowie mit und ohne äußere Einflüsse durchgeführt.

Übungsbeispiele:

1. Abwechselnd die Augen schließen und wieder öffnen.
2. Gleiche Aufgabenstellung wie in 1. mit zusätzlich vorgeschriebenen Armhaltungen: vor dem Brustkorb verschränkt, nach vorne und zur Seite ausgestreckt, hinter dem Kopf verschränkt, herabhängend, usw.
3. Kopf langsam in den Nacken legen und auf die Brust bringen. Nach rechts und links ablegen.
4. Das freie Bein abwechselnd auf die Hacke und Zehen abstellen. Schwieriger wird es, wenn die Endpositionen mit dem Durchlaufen einer Kniehubbewegung verbunden werden.
5. Vor-, Rück-, Links- und Rechtsschwingen mit dem freien Bein.

6. Unterschiedliche Körperpositionen einnehmen: Standwaage, Yoga-Baum, Body Builder Pose, der Denker, Usain Bolt, usw.
7. Verschiedene Aktionen mit einem Ball: von der linken in die rechte Hand werfen, hochwerfen und fangen, um den Kopf / Hüfte / freies Bein / Standknie kreisen, usw.
8. Partnerübung: Gegenseitig den Ball zuwerfen, der beidhändig / einhändig gefangen und zurückgeworfen werden soll.
9. Partnerübung „Hahnenkampf": Auf einem Bein stehend versuchen den Partner durch Stoßen mit den Armen aus dem Gleichgewicht zu bringen.
10. Partnerübung „Fusifight": Auf einem Medizinball stehend ausschließlich mit dem freien Fuß versuchen den Partner aus dem Gleichgewicht zu bringen.
11. Gruppenübung „Beinkette": Die Kinder fassen das nach hinten ausgestreckte Bein des Vorderen und bilden so ein Kette. Als solche soll sich vor-, rück- und seitwärts bewegt werden.

Variationen:

- Fast alle Übungen können zusätzlich auf Weichbodenmatten, Medizinbällen, Sportkreiseln, Ballkissen, Bänken oder einem Schwebebalken durchgeführt werden.

Hinweise:

- Die Übungen anfangs mit Hilfestellungen durchführen lassen, da es primär um eine präzise Bewegungsausführung geht.
- Die Übungen werden komplexer je kleiner und instabiler die Unterlage ist.
- Standbeinwechsel nach jeder Übung.
- Mit dem vermeintlich schwächeren Bein als Standbein beginnen.

3 Balanceakt auf dem Indo Board — III

Ressourcenorientiert	Art des Körpergleichgewichts	Druckbedingungen	Materialien
Sommer	Standgleichgewicht	Präzisionsdruck Simultandruck	Indo Boards

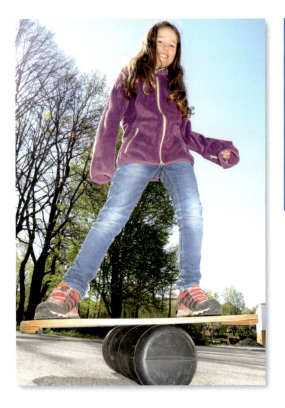

Aufgabenstellung:

Auf einem Indo Board kann das Verlagern des Gleichgewichts sehr gezielt geschult werden. Zusätzlich werden die tieferliegenden Stütz- und Haltemuskeln im Sprunggelenk trainiert. Zu Beginn immer mit Hilfestellung arbeiten.

Übungsbeispiele:

1. Zuerst gilt es das Gleichgewicht in der Mitte des Boards zu finden.
2. Aus einer mittleren Position den Körperschwerpunkt absenken und wieder anheben.
3. Über Verlagerung des Körperschwerpunkts zu einer Seite, versuchen das Gewicht auf Nose oder Tail zu halten.
4. Das Board bewusst aufschaukeln und wieder zur Ruhe bringen.
5. Mit den Füßen längs zum Board (also quer zur Rolle) draufstellen, ausbalancieren sowie vor- und zurückbalancieren.
6. Mit nur einem Fuß draufstehen und ausbalancieren.

Variationen:

- Die Schwierigkeit kann gesteigert werden, wenn die Schüler eine ruhige Position auf dem Indo Board gefunden haben. Auch hier können wie in Aufgabe 1 und 2 unterschiedliche Positionen auf dem Board eingenommen werden, sowie Bälle zugeworfen bzw. selbst hochgeworfen und gefangen werden.
- Richtig komplex wird es, wenn mit dem Indo Board eine 180° / 360° Rotation auf der Rolle gedreht wird.

Hinweise:

- Anfangs sollte mit Hilfestellung gearbeitet werden, da die ersten Versuche sehr wackelig sein können

4	Balancieren auf schmalen Stützflächen		II–III
Ressourcenorientiert	Art des Körpergleichgewichts	Druckbedingungen	Materialien
Sommer	Balanciergleichgewicht Drehgleichgewicht Fluggleichgewicht	Präzisionsdruck Simultandruck (Zeitdruck)	Bälle Schwebebalken Springseile Turnbänke Turnmatten

Aufgabenstellung:

Beim Bewegen auf schmalen Stützflächen soll permanent das Gleichgewicht gehalten oder wieder hergestellt werden.

Übungsbeispiele:

1. Vor-, rück- und seitwärts Gehen und Laufen auf vorgegebenen Linien.
2. Vor-, rück- und seitwärts Gehen und Laufen auf einer Turnbank.
3. Gleiche Aufgabenstellung wie in 1. / 2. mit zusätzlich vorgeschriebenen Armhaltungen: vor dem Brustkorb verschränkt, nach vorne und zur Seite ausgestreckt, hinter dem Kopf verschränkt, herabhängend, usw.
4. Gleiche Aufgabenstellung wie in 1. / 2. mit zusätzlich vorgegebenen Bewegungsarten: Vierfüßler-, Krebs-, Entengang, usw.

5. Gleiche Aufgabenstellung wie in 1. / 2. mit zusätzlich unterschiedlichen Rotationen: Links- und Rechtsdrehung, ganze und halbe Drehungen, usw.
6. Gleiche Aufgabenstellungen wie in 1. / 2. mit zusätzlich verschiedenen Aktionen mit einem Ball: von der linken in die rechte Hand werfen, hochwerfen und fangen, um den Kopf / Hüfte / Knie kreisen, vor hinter und neben dem Körper prellen, usw.
7. Vor-, rück- und seitwärts Hüpfen, beidbeinig und einbeinig. Zusätzliche Markierungen anbringen, um eine Mindestweite festzulegen.
8. Auf einer Turnbank Seilspringen, vorwärts und rückwärts.
9. Auf einer Turnbank entlanglaufen und Bällen ausweichen, mit denen die anderen Kinder versuchen den Laufenden abzuwerfen.
10. Partnerübung: Auf der Bank aneinander vorbeigehen, übereinandersteigen, mit gegenseitigem Festhalten die Bank überqueren, Bälle zuwerfen, usw.

Variationen:

- Alle Übungen können auch auf einer umgedrehten Bank ausprobiert und anschließend auf einem Schwebebalken durchgeführt werden.
- Das Geh- und Lauftempo kann variiert werden.
- Durch zeitliche Vorgaben kann stark variiert und die Zeitdruckbedingung aufgeschaltet werden: Wie viel Zeit wird benötigt, um im Krebsgang rückwärts über zwei Bänke zu laufen?

Hinweise:

- Der Schwebebalken sollte mit Turnmatten abgesichert werden.

5	Balancieren auf schrägen Stützflächen		I–II
Ressourcenorientiert	Art des Körpergleichgewichts	Druckbedingungen	Materialien
Sommer	Balanciergleichgewicht Drehgleichgewicht	Präzisionsdruck Simultandruck	Kleine Kästen Turnringe Sprossenwand Turnbänke Weichbodenmatten

Aufgabenstellung:

Verschiedene Bewegungsaufgaben sollen auf schrägen Unterlagen durchgeführt werden, da Wintersportler meist in Schräglage ihr Gleichgewicht ausloten müssen.

Übungsbeispiele:

1. Eine Turnbank wird auf einem kleinen Kasten abgelegt. Die Schräge soll von oben nach unten und umgekehrt, sowohl vor-, rück- als auch seitwärts gemeistert werden.
2. Gleiche Aufgabenstellung wie in 1. mit zusätzlich einer Weichbodenmatte über der schrägen Turnbank.
3. Zusätzlich können vorgeschriebene Armhaltungen, vorgegebene Bewegungsarten, unterschiedliche Rotationen und verschiedene Aktionen mit einem Ball, wie in Aufgabe 4 beschrieben, eingebaut werden.
4. Über die schräge Weichbodenmatte können Kurzschwünge mit Stockeinsatz imitiert werden.

Variationen:

- Die Steilheit der Turnbank kann variiert werden, wenn man sie in eine Sprossenwand einhängt.
- Durch einseitiges Einhängen der Turnbank in Turnringe erhöht sich der Anspruch durch zunehmende Instabilität.

Hinweise:

- Dem kreativen Ingenieur sind keine Grenzen gesetzt. Man kann auch mehrere frei schwingende Turnbänke miteinander verbinden.

6	Balancieren auf labilen Stützflächen		I–II
Ressourcenorientiert	Art des Körper-gleichgewichts	Druckbedingungen	Materialien
Sommer	Balanciergleichgewicht Drehgleichgewicht	Präzisionsdruck (Zeitdruck)	Bälle Kleine Kästen Keulen Medizinbälle Turnringe Sprungbretter Taue Turnkastenoberteile Turnmatten Weichbodenmatten

Aufgabenstellung:

Beim Bewegen auf labilen Stützflächen soll permanent das Gleichgewicht gehalten oder wieder hergestellt werden.

Übungsbeispiele:

1. Vor-, rück- und seitwärtsgehen auf einem Seil oder Tau.
2. Vor- und rückwärtsgehen auf 2 Keulen wie auf Langlaufskiern.
3. Vor- und rückwärtsgehen mit 3 Keulen. Die Keulen werden quer zur Laufrichtung gelegt und die Freie wird immer nach vorne / hinten geholt. Auch mit Medizinbällen möglich.
4. Mit mehreren versetzt positionierten Medizinbällen eine Bahn legen und diese überqueren, vor-, rück- und seitwärts.
5. Über die Medizinbälle eine Weichbodenmatte legen und diese überqueren, vor-, rück- und seitwärts.
6. Gleiche Aufgabenstellungen wie in 4., wobei die Medizinbälle durch unterschiedliche Bälle (Basketball, Gymnastikball, usw.) ersetzt und mit einem langen Tau, das in einer Schleife um jeden Ball gelegt wird, fixiert werden. Die Kinder sollen mit Hilfe von Stöcken auf die andere Seite gelangen.
7. Eine Turnbank quer über einen Turnkastendeckel / kleinen Kasten / Sprungbrett legen und die Bank vor-, rück-, und seitwärts überqueren.
8. Gleiche Aufgabenstellungen wie in 7. mit zusätzlich vorgeschriebenen Armhaltungen, vorgegebenen Bewegungsarten, unterschiedlichen Rotationen und verschiedenen Aktionen mit einem Ball, wie auch in Aufgabe 4 beschrieben.
9. „Turnbank-Surfen": Eine Turnbank in die Turnringe einhängen, so dass sie frei schwingt. Jetzt kann auf dem Bauch liegend eine imaginäre Welle angepaddelt werden und wenn man sie erwischt wird durch abdrücken mit den Handflächen schnell auf die Beine gesprungen und die Welle gesurft.

Variationen:

- Beim Turnbank-Surfen können durch Wackeln an der Turnbank wilde Wellen imitiert werden. Auch kann man zu zweit / dritt eine Welle teilen.
- Durch zeitliche Vorgaben kann stark variiert und die Zeitdruckbedingung aufgeschaltet werden.

Hinweise:

- Das Areal um die quergelegte Turnbank sowie beim Turnbank-Surfen sollte mit Turnmatten gesichert werden.

7 Sprungvariationen ohne Geräte und Materialien   I–II

Ressourcenorientiert	Art des Körper-gleichgewichts	Druckbedingungen	Materialien
Sommer	Fluggleichgewicht Drehgleichgewicht	Präzisionsdruck	Turnmatten

Aufgabenstellung:

Es sollen verschiedene Sprünge ohne Hilfe von Geräten und Materialien durchgeführt werden. Die Sprünge finden nur auf dem Boden statt. Linien und Markierungen auf dem Boden können mit in die Aufgaben einbezogen werden.

Übungsbeispiele:

1. Beidbeinige Sprünge aus dem Stand, die vor- und rückwärts ausgeführt werden.
2. Aneinandergereihte, beidbeinige Sprünge, die vor- oder rückwärts ausgeführt werden und bei denen es keine Wartephasen nach der Landung gibt.
3. Gleiche Aufgabenstellungen wie in 1. und 2. jedoch auf einem Bein.
4. Seitliche Sprünge nach links und rechts. Erst beidbeinig, dann einbeinig, vom einen auf das andere Bein und wieder zurück. Versuchen nach der Landung einen sicheren Stand zu finden, wobei der Oberkörper möglichst ruhig bleibt.
5. Gleiche Aufgabenstellung wie in 4. nur dass über vorgegebenen Linien auf dem Boden gesprungen werden soll. Erst kurze, dann immer größere Distanzen.
6. Hopserlauf mit kräftigen, hohen und weiten Sprüngen.
7. Schrittsprünge mit möglichst langer Flugphase.
8. Paarweise springen. An die Hand nehmen und zeitgleich in eine Richtung springen, mit dem Bauch zueinander an die Hand nehmen und zeitgleich springen (der Eine vorwärts, der Andere rückwärts / der Eine nach links, der Andere nach rechts).
9. Sprünge mit verschiedenen ski- und snowboardspezifischen Figuren: Hocksprung, Krätschsprung, Duffy, unterschiedliche Grabs, usw.

Variationen:

- Die Sprünge sollen beliebig variiert werden, d.h. beidbeinige und einbeinige Sprünge sowie die Richtungen können unterschiedlich miteinander kombiniert werden. Ebenso die Sprunghöhe und -weite. Auch kann die Beinstellung verändert werden (geschlossen, offen, Telemark, usw.).
- Winkelveränderungen der Sprung- und Kniegelenke nach dem Absprung: gestreckte oder angehockte Beine, usw.
- Verschiedene Sprungbeispiele können als Partnerübungen oder mit mehren Personen durchgeführt werden: die Kinder setzen sich im Grätschschritt auf den Boden und geben somit Korridore vor in denen die Sprünge ausgeführt werden sollen.
- Wettkampfform: Wer kommt mit drei beidbeinigen Sprüngen am weitesten?

Hinweise:

- Bei allen Sprüngen ist auf eine sichere und exakte Landung zu achten.
- Die Arme können und sollen zur Schwungverstärkung miteinbezogen werden.
- Die Sprünge können, um die Gelenke zu schonen und Verletzungen vorzubeugen, auf Turnmatten durchgeführt werden.

Gleichgewichts-Basics im Schneesport

8	Springen, Fliegen und Schwingen mit dem Seil		II
Ressourcenorientiert	**Art des Körpergleichgewichts**	**Druckbedingungen**	**Materialien**
Sommer	Fluggleichgewicht Drehgleichgewicht	Präzisionsdruck (Zeitdruck)	Kleine Kästen Springseile Turnseile Weichbodenmatten

Aufgabenstellung:

Mit Turnseilen sollen verschiedene Sprung- und Flugerfahrungen gesammelt werden. Es handelt sich hierbei um ein an der Decke fixiertes Seil, mit dem es auch möglich ist zu schwingen.

Übungsbeispiele:

1. Am Turnseil hinaufklettern und aus verschiedenen Höhen auf den Boden springen, wobei auf eine saubere Landung zu achten ist.
2. Aus dem Stand das Turnseil greifen, Schwung holen und während des Vorschwungs loslassen. Das Schwungholen kann durch einen Partner unterstützt werden.
3. Es wird ein kleiner Kasten als Standerhöhung in ausreichendem Abstand aufgestellt. Ein Kind steigt auf die Erhöhung und bekommt das Turnseil in die Hand. Das Kind springt ab, schwingt nach vorne und lässt während dem Vorschwung das Turnseil los.
4. Die Kinder sollen vom Boden aus an ein schwingendes Turnseil springen, schwingen und wieder abspringen.
5. Gleiche Aufgabenstellung wie in 4. nur dass von einer Standerhöhung aus an das schwingende Turnseil gesprungen werden soll.
6. Man soll mit dem Turnseil von einem kleinen Kasten zu einem entfernten zweiten kleinen Kasten schwingen. Bei der Landung kann variiert werden zwischen vorwärts und rückwärts landen.

7. Mit dem schwingenden Turnseil soll ein Hindernis überflogen werden. Dies kann bspw. eine gehaltene Zauberschnur oder ein kleiner Kasten sein.

Variationen:

- Als Standerhöhung kann der kleine Kasten durch einen Turnkasten ersetzt werden und weiter von dem Seil entfernt werden.
- Wettkampfform: Wer fliegt am weitesten, nachdem er das Turnseil losgelassen hat?
- Wettkampfform: Der Nächste darf erst springen, wenn der Vorgänger sicher steht. Von welchem Team sind zuerst alle Kinder gesprungen?

Hinweise:

- Es muss ausreichend Kraft vorhanden sein, um in der Lage zu sein, das Turnseil hinauf zu klettern.
- Unter den Turnseilen sollen Weichbodenmatten ausgelegt sein.
- Bei den Niedersprüngen von dem Turnseil kann man die Kinder so weit klettern lassen, wie es der Mut und die Kraft zulässt, ohne dabei ein Sicherheitsrisiko in Kauf zu nehmen.

9 | Um die Längsachse | I–III

Ressourcenorientiert	Art des Körpergleichgewichts	Druckbedingungen	Materialien
Sommer	Drehgleichgewicht Standgleichgewicht Fluggleichgewicht	Präzisionsdruck Sukzessivdruck	Bälle Schwebebalken Turnbänke Turnmatten

Aufgabenstellung:

Auf dem Boden oder auf verschiedenen Geräten, wie einer Turnbank oder dem Schwebebalken, sollen verschiedene Drehungen um die Körperlängsachse durchgeführt werden. Nach den Drehungen soll immer wieder der sichere Stand erreicht werden.

Übungsbeispiele:

1. Drehungen auf dem Boden: sich selbst drehen oder durch andere drehen lassen.
2. Einbeinige Drehungen auf dem Ballen / der Verse.
3. Mehrere Drehsprünge links und rechts herum direkt hintereinander.
4. Strecksprünge mit Drehungen um die Körperlängsachse.
5. Rollen und Drehsprünge: Rolle vorwärts, Drehsprung, Rolle rückwärts, Drehsprung, usw.
6. Beliebige Verbindung von Drehsprüngen und Rollen vor- und rückwärts am Boden.

7. Drehungen auf einer Turnbank oder dem Schwebebalken ohne abzusteigen.
8. Drehsprünge auf einer Turnbank oder dem Schwebebalken.
9. Partnerübung „Karussell": Zwei Kinder fassen sich an den Händen und drehen sich im Kreis.

Variationen:
- Unterschiedliche Drehwinkel sind möglich.
- Wettkampfform: Zielwerfen eines Balles nach zwei / drei Drehungen. Wer trifft am Besten?

Hinweise:
- Die Turnbank und der Schwebebalken sollten mit Turnmatten abgesichert werden.
- Durch viele Wiederholungen nehmen die Schwindelzustände ab.

Gleichgewichts-Basics im Schneesport

10 | Um die Querachse | I–III

Ressourcenorientiert	Art des Körpergleichgewichts	Druckbedingungen	Materialien
Sommer	Drehgleichgewicht Fluggleichgewicht	Präzisionsdruck Sukzessivdruck (Zeitdruck)	Kleine Kästen Minitrampoline Sprungbretter Turnbänke Turnmatten Weichbodenmatten

Aufgabenstellung:

Auf dem Boden oder mit Hilfe verschiedener Geräte, sollen Drehungen um die Körperquerachse ausgeführt werden. Nach den Drehungen soll immer wieder eine sichere Position erreicht werden.

Übungsbeispiele:

1. Rollen vorwärts und rückwärts. Aus dem Stand in den Stand.
2. Rollen auf unterschiedlichen, auch labilen, Unterlagen bspw. einer Turnbank, verschiedene Matten, schräge Ebene, usw.
3. Nach den Rollen verschiedene Zusatzaufgaben: Strecksprung mit Drehung, Sprint, usw.
4. Flugrollen auf eine Weichbodenmatte über Hindernisse von unterschiedlich hohen Kastenteilen herunter.

5. Nach der Flugrolle in den Stand kommen. Strecksprünge / Drehstrecksprünge / normale Rollen anschließen.
6. Rollen nach dem Absprung von einem Sprungbrett oder einem Minitrampolin.
7. Partnerübung: Zwei Kinder nehmen sich an der Hand und machen parallel Vorwärts- und Rückwärtsrollen.

Variationen:

- Unterschiedliche Rollen können in verschiedenen Reihenfolgen hintereinander geschaltet werden.
- Die Anzahl der Rollen, die nacheinander ausgeführt werden, kann beliebig variieren.
- Wettkampfform: Wer macht am meisten Vorwärtsrollen nacheinander, ohne eine gerade Mattenbahn zu verlassen?
- Wettkampfform: Wer springt die höchste Flugrolle über eine Zauberschnur?

Hinweise:

- Die Turnbank sollte mit Matten abgesichert werden.
- Durch viele Wiederholungen nehmen die Schwindelzustände ab.

11 Springen und Fliegen mit dem Kasten			I–II
Ressourcenorientiert	Art des Körpergleichgewichts	Druckbedingungen	Materialien
Sommer	Fluggleichgewicht Drehgleichgewicht	Präzisionsdruck Simultandruck (Sukzessivdruck)	Minitrampoline Sprungbretter Turnkästen Turnmatten

Aufgabenstellung:

Zur Unterstützung der Flugphase sollen bei diesen Übungsbeispielen Turnkästen in verschiedenen Größen und Höhen miteinbezogen werden.

Übungsbeispiele:

1. Niedersprünge von verschiedenen Kastenhöhen.
2. Niedersprünge von verschiedenen Kastenhöhen mit verschiedenen ski- und snowboardspezifischen Figuren: Hocksprung, Krätschsprung, Duffy, unterschiedliche Grabs, usw. und Rotationen.
3. Verschiedene Sprünge, mit unterschiedlichen Flugphasen über niedere Kastenteile ohne Sprunghilfen. In die Sprünge Drehungen einbauen.
4. Verschiedene Sprünge, mit unterschiedlichen Flugphasen auf und über Kastenteile mit Sprunghilfen (Sprungbrett, Minitrampolin). In die Sprünge Drehungen einbauen.
5. Weitspringen von einem Kasten herunter.

Variationen:

- Man kann verschiedene Möglichkeiten der Landung ansprechen: geschlossene Beinstellung, offene Beinstellung, Telemarklandung, usw.
- Es können mehrere Kästen mit unterschiedlichen Höhen hintereinander aufgestellt werden und mit Turnmatten und Sprungbrettern verbunden werden.

Hinweise:

- Zu Beginn sollte evtl. mit Hilfestellung gearbeitet werden.
- Beim Überspringen sollte mit einer Zauberschur angefangen werden.
- Ab einer gewissen Höhe sollten die Niedersprünge auf Turnmatten erfolgen.

12	Springen und Fliegen mit und an Turngeräten		II–III
Ressourcenorientiert	Art des Körpergleichgewichts	Druckbedingungen	Materialien
Sommer	Fluggleichgewicht Drehgleichgewicht	Präzisionsdruck	Reck Trapezstangen Turnmatten Turnringe

Aufgabenstellung:

Mit Hilfe von Turngeräten, wie bspw. Ringe und Reck, sollen verschiedene Flugsituationen erlebt werden. Die Geräte eignen sich sehr gut für die Schulung des Flug- und Drehgleichgewichts, da sie in allen Altersklassen und Könnensstufen einsetzbar sind.

Übungsbeispiele:

Turnringe:
1. Schwingen und am Ende des Vor- oder Rückschwungs abspringen.
2. An die schwingenden Turnringe springen: aus dem Stand oder von einem Kasten.
3. Turnringe mit einer Stange zu einem Trapez verbinden, und über ein Minitrampolin an die Stange springen, schwingen und wieder abspringen.
4. Beim Schwingen / Abspringen Rotationen einbauen.

Reck:
1. Verschiedene Niedersprünge aus dem Hang / Schwingen.
2. An die Stange springen, durchschwingen und wieder abspringen.
3. Verschiedene Abgänge ausprobieren: Hocke, Grätsche, Schrittstellung, usw.

Variationen:

- Wettkampfform: Wer fliegt am weitesten, nachdem er die Turnringe / das Reck losgelassen hat?

Hinweise:

- Übungen an den Turngeräten sollten nur bei ausreichenden Kenntnissen des Übungsleiters durchgeführt werden.

Gleichgewichts-Basics im Schneesport

13	Bewegungen auf dem Trampolin		II–III
Ressourcenorientiert	Art des Körpergleichgewichts	Druckbedingungen	Materialien
Sommer	Standgleichgewicht Fluggleichgewicht Drehgleichgewicht	Präzisionsdruck	Minitrampoline

Aufgabenstellung:

Auf dem Minitrampolin sollen verschiedene Übungen mit dem Ziel durchgeführt werden, den stabilen Stand möglichst lange aufrecht zu erhalten.

Es stehen drei unterschiedlich dynamische Bewegungsmuster zur Verfügung: Stehen, Wippen, Springen.

Übungsbeispiele:

1. Beidbeiniges und einbeiniges Stehen auf dem Trampolin.
2. Beidbeiniges und einbeiniges Wippen.
3. Beidbeiniges und einbeiniges Springen.
4. Während der drei Bewegungsmuster eine Gewichtsverlagerung von einem auf das andere Bein durchführen.
5. Die Bewegungen nach vor-zurück und links-rechts variieren.
6. Höhe der Sprünge variieren.
7. Sich mit einem Partner gleichzeitig / zeitversetzt bewegen.
8. Verschiedene Drehungen um die Körperlängsachse können aufgeschaltet werden.

Variationen:

- Es ist eine Vielzahl verschiedener Sprünge möglich, bei denen lange Flugphasen und Höhen erreicht werden können.
- Einbeinige Übungen immer mit beiden Beinen üben lassen.
- Wettkampfform: Wie viele einbeinige Sprünge werden geschafft ohne das andere Bein aufzusetzen?

Hinweise:

- Sollte ein großes Trampolin zur Verfügung stehen, kann auch damit geübt werden.
- Es kann auch zuerst auf einer Weichbodenmatte geübt werden.

Gleichgewichts-Basics im Schneesport

14	Pedalo fahren			II
Ressourcenorientiert	**Art des Körper-gleichgewichts**	**Druckbedingungen**		**Materialien**
Sommer	Standgleichgewicht Balanciergleichgewicht	Präzisionsdruck (Zeitdruck)		Pedalos

Aufgabenstellung:

Das Pedalo ist ein sehr sinnvolles Gerät zur Gleichgewichtsschulung, da es neben dem Stand- und Balanciergleichgewicht auch das ausführen runder, flüssiger Bewegungen schult. Es soll ein nicht stockendes Fahren erlernt werden.

Übungsbeispiele:

1. Mit Hilfestellung in die Balancestellung kommen und dort leicht hin und her bewegen.
2. Die Position durch unterschiedliche Aktionen, wie Körperschwerpunkt absenken und wieder strecken oder kurzes Hochspringen, festigen.
3. Die Pedale aus der einen Balancestellung in die nächste schieben. Erst mit Hilfe, dann alleine versuchen.
4. Eine vorgegebene Strecke, wie bspw. entlang aller blaufarbigen Linien auf dem Hallenboden, soll selbstständig gemeistert werden.
5. Aus der Vorwärtsfahrt den Übergang in die Rückwärtsfahrt suchen.
6. Partnerübung: Nebeneinander mit Handreichung eine gewisse Distanz zurücklegen.

Variationen:

- Alle Übungen können anfangs mit Hilfestellung durchgeführt werden.
- Die Partnerübung kann leicht variiert werden: Hintereinander mit Handreichung in eine Richtung fahren, ein Partner vor- der andere rückwärts, usw.
- Es können Staffelläufe auf Zeit durchgeführt werden.

Hinweise:

- Oftmals fällt der Erstkontakt mit dem Großpedalo leichter.

15 | Ein Brett mit Rollen | II–III

Ressourcenorientiert	Art des Körpergleichgewichts	Druckbedingungen	Materialien
Sommer	Standgleichgewicht Balanciergleichgewicht Drehgleichgewicht	Präzisionsdruck Variabilitätsdruck (Zeitdruck)	Rollbretter Skateboards Mattenwägen

Aufgabenstellung:

Für diese Aufgabe benötigt man so viele verschiedene Stützflächen mit Rollen wie möglich:
- Rollbretter mit unterschiedlichen Rollen: drei oder vier Rollen mit unterschiedlichen Freiheitsgraden.
- Rollbretter mit Achsen: Skateboards – die Härte der Achsen sollte variieren.
- Mattenwagen

Die Rollbretter können mit verschieden großen Auflagen ausgestattet werden: Turnmatten, Kastenoberteile, usw.

Übungsbeispiele:

1. Einbeinige und beidbeinige Standübungen wie in Aufgabe 1 und 2.
2. Eigenständiges Schwungholen und im Liegen / Sitzen / Stand weiterrollen.
3. Den Übenden mit dem Rollbrett in Drehung versetzen.
4. Partnerübung: Schieben, ziehen und in Drehung versetzen lassen.
5. Partnerübung: Trotz äußerer Einflüsse, wie Stöße oder zugeworfenen Bällen, die Position halten.
6. Gruppenübung: Mehrere Rollbretter verbinden und sich in einer Kette ziehen lassen.
7. Gruppenübung: Mehrere Kinder auf größeren Stützflächen, die von anderen Kindern angeschoben werden.

Variationen:

- Das Tempo kann variieren, es darf aber nicht zum Risiko werden.
- Die Stützflächengrößen variieren.
- Standübungen können auch in Bewegung ausprobiert werden.
- Richtungsänderungen und Tempowechsel einbauen: Drehungen, Beschleunigungen, Stopps, ruckartige Bewegungen, vor- und rückwärts.
- Staffelspiele bieten sich an.
- Wettkampfform: Wer kann sich nach zwei Mal anstoßen am längsten auf einem Bein auf dem Rollbrett halten?

Hinweise:

- Es sollte darauf geachtet werden, dass Schutzkleidung getragen wird.

16	Pezziballstand		III
Ressourcenorientiert	Art des Körpergleichgewichts	Druckbedingungen	Materialien
Sommer	Standgleichgewicht Fluggleichgewicht	Präzisionsdruck	Pezzibälle

Aufgabenstellung:

Der Pezziball kann für unterschiedliche Standgleichgewichtübungen verwendet werden. Da er eine sehr labile Unterlage bildet, empfiehlt es sich mit Hilfestellung zu arbeiten.

Übungsbeispiele:

1. Im Vierfüßlerstand das Gleichgewicht finden.
2. Mit geradem Rücken auf den Unterschenkeln sitzen.
3. Mit beiden Beinen auf dem Pezziball stehen.
4. Vom Vierfüßlerstand in den Stand springen.
5. Leichte Kniebeugen auf dem Pezziball probieren.
6. Auf den Pezziball springen und drauf stehen bleiben.
7. In Skischuhen / Snowboardboots das Gleichgewicht auf dem Pezziball halten.

Variationen:

- Es können einige der Übungsbeispiele aus Aufgabe 1 und 2 angewandt werden.
- Durch das Schließen der Augen kann man den Schwierigkeitsgrad weiter erhöhen.

Hinweise:

- Anfangs unbedingt mit Hilfestellung arbeiten.

2.3.2 Kompetenzorientierte Gleichgewichts-Basics

17	Gleichgewichtsübungen auf 8 Rollen		II
Kompetenzorientiert	Art des Körpergleichgewichts	Druckbedingungen	Materialien
Sommer	Balanciergleichgewicht Drehgleichgewicht Fluggleichgewicht	Präzisionsdruck (Zeitdruck)	Bälle Hockeyschläger Hütchen Inline-Skates

Aufgabenstellung:

Beim Inline-Skating kann durch die flexibel rollenden Schuhe leicht ein Ungleichgewicht erfahren werden, was durch das Erlernen des Beherrschens der Skates zu einer sehr wertvollen Gleichgewichtsschulung werden kann. Ziel ist es, eine optimale Gleichgewichtsposition auf den Inlinern zu finden und zu festigen

Übungsbeispiele:

Beschreibung einer sinnvollen Herangehensweise:

1. Im Stand sollen Gleichgewichtsgrenzen durch Bewegungen vor-zurück, links-rechts, hoch-runter erfahren werden.
2. In die Abfahrtshocke gehen und das Gleichgewicht dort halten.
3. Im Stand auf einem Inliner stehen und verschieden Körperpositionen einnehmen: Standwaage, Yoga-Baum, Body Builder Pose, der Denker, Usain Bolt, usw.
4. Verschiedene Bewegungen mit dem freien Bein durchführen: vor-, rück-, links- und rechtsschwingen, anhocken, abwechselnd auf Hacke und Zehen rollen, usw.

5. Partnerübung „Sklavenlauf": Zwei Kinder sind mit je einem Fuß zusammengebunden und müssen eine Distanz unter Bewältigung verschiedener Aufgaben überwinden: Hindernisse, Kurven, usw.
6. Partnerübung „Gleichgewichtstanz": Zwei Kinder halten sich an den Händen oder einem Stock und müssen sich, ohne loszulassen, hinsetzen und wieder aufstehen.
7. Gruppenübung „Inline-Fußball": Es soll mit den Inlinern, nach vereinfachten Regeln, Fußball gespielt werden. Durch sich ständig ändernde Situationen, wie bspw. ein häufiges Fahren auf einem Inliner, wird das Gleichgewichtsvermögen stark gefordert.
8. Gruppenübung „Inline-Hockey": Eishockey auf acht Rollen. Durch das Spielen mit Schläger und Ball, bei dem es oft zu Schlagsituationen kommt, wird der Körper schnell in einen Ungleichgewichtszustand versetzt. Dazu muss noch die Richtung koordiniert werden.
9. Gruppenübung „Bär und Pinguin": 1 oder 2 Kinder sind Bären, alle Restlichen sind Pinguine, die mit steifen Gliedmaßen und am Körper gehaltenen Armen tippeln, während die Bären mit weit ausholenden Armbewegungen und großen ausfallenden Rollbewegungen versuchen die Pinguine zu fangen. Ist es gelungen, piepst der Pinguin und kann durch die Berührung eines anderen Pinguins wieder erlöst werden.

Variationen:

- Für einige der Übungen kann leicht abfallendes Gelände genutzt werden.
- Einige Standübungen können auch im Fahren durchgeführt werden.
- Staffelspiele auf Zeit durch einen Hindernisparcour sind sehr anspruchsvoll und haben ein großes Motivationspotential.

Hinweise:

- Es sollte darauf geachtet werden, dass die übliche Schutzkleidung getragen wird.
- Das Gelände, auf dem geübt wird, sollte möglichst dreckfrei sein, um ein optimales Rollen zu gewährleisten. Kleine Steine können zu einem sehr abrupten Stoppen führen.
- Stützhilfen für das Gleichgewichtstraining mit Inline-Skates sind für anfängliche Unsicherheiten sehr sinnvoll. Es eignen sich mobile Stützen, die den Bewegenden begleiten können, wie bspw. Skistöcke.

18	Springen und Fliegen mit körperverbundenen Sportgeräten im Winter		II–III
Kompetenzorientiert	**Art des Körpergleichgewichts**	**Druckbedingungen**	**Materialien**
Winter	Fluggleichgewicht Drehgleichgewicht	Präzisionsdruck Variabilitätsdruck	Schlittschuhe Ski Snowboards

Aufgabenstellung:

Mit körperverbundenen Wintersportgeräten wie Ski und Snowboards sollen durch Sprünge das Fluggleichgewicht trainiert werden. Unter Umständen können auch Drehungen aufgeschaltet werden.

Es müssen dabei gewisse Grundregeln beachtet werden:
- Nie über eine Geländekante springen, ohne vorher die Landung zu sichten.
- Immer jemanden an der Kante postieren, der die Sprungbahn freigibt.
- Unbekannte Kupierungen langsam überfahren.
- Nach dem Landen den Landebereich direkt räumen.

Der Übungsaufbau ist bei den oben genannten Wintersportgeräten sehr ähnlich und wird deswegen nicht einzeln aufgeschlüsselt.

Übungsbeispiele:

1. Sprünge im Stand: Strecksprünge, Hocksprünge, usw.
2. Sprünge während der Fahrt.
3. Sprünge aus der Fahrt über Geländekanten.
4. Sprünge aus der Fahrt über Geländekanten mit verschiedenen Figuren und Grabs.
5. Über größere Schanzen springen, bei denen höhere und weitere Flugphasen erreicht werden.
6. In einem Ski- bzw. Boardercross verschiedene Geländeformen als Absprunghilfen nutzen.
7. Sprünge mit verschiedenen Drehungen verbinden.

Variationen:

- Es können Spielformen wie bspw. S-K-A-T-E eingebaut werden, bei denen die Kinder abwechselnd einen Sprung vormachen und die Anderen ihn versuchen zu imitieren. Sollte ein Sprung von einem Kind nicht gestanden werden, bekommt es einen Buchstaben und das Spiel endet sobald ein Kind das Wort S-K-A-T-E voll hat.
- Viele Sprungvariationen in der Ebene können auch auf Schlittschuhen geübt werden.

Hinweise:

- Die Sprünge im Wintersport sollten nur bei guten äußeren Bedingungen (Wetter, Sicht, Schnee, usw.) geübt werden.
- Es sollte darauf geachtet werden, dass die übliche Schutzkleidung getragen wird.

Gleichgewichts-Basics im Schneesport

19	Fahren auf einem Ski		II–III
Kompetenzorientiert	Art des Körpergleichgewichts	Druckbedingungen	Materialien
Winter Sommer	Balanciergleichgewicht	Präzisionsdruck	Ski Inline-Skates

Aufgabenstellung:

Durch das Fahren auf einem Ski wird versucht die Gleichgewichtsverlagerung zu einer Seite zu schulen. Wichtig ist dabei, dass man das vermeintlich schwächere Standbein bewusst mitschult, evtl. sogar damit beginnt.

Übungsbeispiele:

Beschreibung einer sinnvollen Herangehensweise:

1. In der Ebene mit nur einem Ski angeschnallt wird sich wie beim Rollerfahren fortbewegt.
2. Bei ausreichendem Tempo sollen Richtungsänderungen auf einem Ski durchgeführt werden.
3. In den Schrägfahrten zwischen zwei Kurven versuchen, einen Ski aus dem Schnee zu heben und einbeinig zu fahren.

4. Auf einem flachen Hang sollen einbeinige Kurven aneinander gereiht werden, bei denen es zur Wiederherstellung des Gleichgewichts noch erlaubt ist den Fuß abzustellen.
5. Das Gelände soll jetzt steiler gewählt werden und das Aufsetzen des Fußes ist nicht mehr erlaubt. Rutschphasen sind erlaubt.
6. Es soll ein Fahren nur auf der Taillierung angestrebt werden, wobei man auch wieder in flacheres Gelände übergehen kann.

Variationen:

- Die Stöcke können als Gleichgewichtshilfe verwendet werden.
- Alle Teilschritte sollen mit beiden Beinen durchgeführt werden.

Hinweise:

- Es ist auf eine zentrale Position über dem Ski zu achten.
- Ohne eine gewisse Grundgeschwindigkeit wird es schwer das Gleichgewicht zu halten.
- Bei Schwierigkeiten soll noch länger im flachen Gelände geübt werden.

20 | Befahren einer Wellenbahn | II–III

Kompetenzorientiert	Art des Körpergleichgewichts	Druckbedingungen	Materialien
Winter	Balanciergleichgewicht Fluggleichgewicht	Präzisionsdruck Variabilitätsdruck	Ski Snowboard

Aufgabenstellung:

Das Befahren einer Wellenbahn kann eine derartige Herausforderung für das Gleichgewicht darstellen, dass allein das Bewältigen der Aufgabe entsprechend motivierend wirkt und anspruchsvoll ist.

Übungsbeispiele:

Beschreibung einer sinnvollen Herangehensweise:

1. Beim Befahren der Wellenbahn das Tempo so wählen, dass die Ski / das Snowboard nicht vom Schnee abheben. Dabei nicht aus einer zentralen Position über dem Ski / Snowboard rausbringen lassen.
2. Die Geschwindigkeit so variieren, dass bei jeder Welle leicht abgehoben wird.
3. Auf jeder Welle die Beine anziehen, so dass die Welle geschluckt wird.
4. Bei jeder Welle eine Richtungsänderung einleiten.
5. Bei jeder Welle und in jedem Wellental eine Richtungsänderung einleiten.
6. Die Wellenbahn rückwärts durchfahren.

Variationen:

- Befahren der Wellenbahn ohne Stöcke und mit variierender Armhaltung: auf den Knien, vor der Brust verschränkt, hinter dem Körper, usw.

Hinweise:

- Die Kinder sollen die Geländeformen im Rahmen ihrer Möglichkeiten befahren ohne eine Überforderung zu erfahren.
- Es sollte auf ausreichend Platz links und rechts der Wellenbahn geachtet werden um ein Herausfahren zu jeder Zeit und ohne Gefahr zu gewährleisten.

21 Skateboard fahren   II–III

Kompetenzorientiert	Art des Körper-gleichgewichts	Druckbedingungen	Materialien
Sommer	Standgleichgewicht Balanciergleichgewicht	Präzisionsdruck Simultandruck	Skateboard

Aufgabenstellung:

Das Skateboard fahren soll als Möglichkeit genutzt werden, das Gleichgewicht auf einer flexiblen, sich fortbewegenden Unterlage zu schulen, welche dem Snowboarden sehr ähnlich ist. Hierbei spielt das Stand- und Balanciergleichgewicht eine entscheidende Rolle.

Übungsbeispiele:

Beschreibung einer sinnvollen Herangehensweise:

1. Auf einem ebenen Gelände wird zunächst damit begonnen erst mit dem einem, dann mit dem anderen Bein quer auf das Board zu steigen, so dass der Körperschwerpunkt genau über der Mitte des Boards liegt.
2. Durch leichte Gewichtsverlagerungen vor-zurück, links-rechts, hoch-runter kann zunächst der Ungleichgewichtszustand riskiert werden.
3. Durch Abstoßen mit dem hinteren Bein soll das Skateboard in Bewegung versetzt werden. Der hintere Fuß wird dann wieder auf das Bord aufgesetzt. Das Skateboard soll ausrollen.
4. Gleiche Aufgabenstellung wie in 3. bevor jedoch das Board ausrollt soll mit dem hinteren Fuß wieder angeschoben werden.
5. Durch Gewichtsverlagerungen nach links und rechts sollen während dem Rollen Kurven gefahren werden.

6. Versuchen die Gewichtsverlagerung zum Kurven fahren nur aus den Füßen zu bewältigen durch runterdrücken bzw. anziehen der Zehen.
7. Bremsen durch aufkicken, also runterdrücken des Tails ohne vom Brett abzusteigen.
8. Schwungholen durch leichtes Anheben der Vorderachse (Gewichtsverlagerung auf das hintere Bein) und Rotation zu einer Seite, die durch das Aufsetzen der vorderen Rollen beendet wird. Anschließend zur anderen Seite. Durch wiederholtes Ausführen kommt es zu einer Beschleunigung des Skateboards.

Variationen:

- Nach Erlernen der Grundkenntnisse können Aufgaben gestellt werden, bei denen Hindernisse um- oder überfahren werden müssen.
- Einnehmen verschiedener Körperpositionen: Einbeinstand, Surfer mit einer Hand am Rail, usw.
- Es kann vom flachen in leicht abfallendes Gelände gewechselt werden.
- Abwechslungsreiche Parcours schulen die Flexibilität auf dem Skateboard.
- Die Fußstellung auf dem Skateboard kann verändert werden. Sie kann breiter und schmaler gewählt werden. Je kleiner die Stützfläche der Beine wird, desto schwerer wird es den Gleichgewichtszustand aufrechtzuerhalten.
- Die Härte der Achseneinstellung kann variiert werden und macht viel aus beim Versuch das Gleichgewicht zu halten.
- Wettkampfform: Wer kann sich nach zwei Mal anstoßen am längsten auf einem Bein auf dem Skateboard halten?
- Wettkampfform: Wer kommt mit zwei Mal anstoßen am weitesten?

Hinweise:

- Es ist darauf zu achten, dass die übliche Schutzkleidung getragen wird.
- Die Übungen immer mit beiden Beinen vorne ausprobieren.
- Abgebremst wird Anfangs am Einfachsten durch abspringen von dem Brett.
- Das Gelände, auf dem geübt wird, soll möglichst dreckfrei sein, um ein optimales Rollen zu gewährleisten. Kleine Steine können zu einem sehr abrupten Stoppen führen.

Gleichgewichts-Basics im Schneesport

22	Waveboard fahren			II
Kompetenzorientiert	Art des Körper-gleichgewichts	Druckbedingungen	Materialien	
Sommer	Standgleichgewicht Balanciergleichgewicht	Präzisionsdruck Simultandruck (Zeitdruck)	Waveboards	

Aufgabenstellung:

Waveboarden ist eine sehr junge Sportart, die aber nicht zuletzt wegen ihrem hohen koordinativen Anforderungscharakter schnell Einzug in die Spielstrukturen vieler Kinder erhalten hat.

 Übungsbeispiele:

Beschreibung einer sinnvollen Herangehensweise:
1. Im Stand wird die Schwingbewegung trocken geübt:
   - Beine schulterbreit auseinanderstellen – Füße parallel ausgerichtet.
   - Bewegungsbereite Position mit geradem Oberkörper einnehmen und Hände in den Hüften.
   - Wechselnde Rotationsbewegung in der Hüfte, dabei in Kombination den hüftvorderen Fuß auf den Ballen belasten.
   - Mit zunehmender Schwingbewegung den zweiten Fuß gegengleich auf den Ballen belasten.

2. Den vorderen Fuß mittig auf die vordere Plattform stellen, durch Druck auf die Zehen das Waveboard aufrichten und mit dem hinteren Bein hinter der Backside einmal kräftig in Fahrtrichtung abstoßen. Sobald das Board fährt, den hinteren Fuß mittig auf die hintere Plattform setzen.
3. Ist das erste Fahren gemeistert versucht man durch eine regelmäßige Schwingbewegung das Board am Laufen zu halten. Die Bewegung sollte aus den Beinen kommen, kann aber durch Schulterführung gut unterstützt werden. Der Kopf bleibt dabei an der vorderen Schulter in Fahrtrichtung ausgerichtet.
4. Die Kurven werden durch den vorderen Fuß eingeleitet. Entweder Zehen runterdrücken oder Zehen anziehen.
5. Zum Bremsen muss mit beiden Füßen Druck auf die Zehen gegeben werden, um das Board abzuklappen.
6. Durch leichte Gewichtsverlagerungen vor-zurück, links-rechts, hoch-runter kann mit der Position gespielt werden bis man eine ideale bewegungsbereite Position gefunden hat.

Variationen:

- Nach Erlernen der Grundkenntnisse kann man erschwerte Aufgaben stellen, bei denen Hindernisse um- oder überfahren werden müssen.
- Vom flachen in leicht abfallendes Gelände wechseln.
- Wettkampfform: Wer kann sich nach zwei Mal anstoßen am längsten geradeaus fahren?
- Wettkampfform: Wer kommt am schnellsten durch einen Hütchenparcour?

Hinweise:

- Zu Beginn sollte man mit Hilfestellung arbeiten, damit der Lernende sich auf Position und Fahren konzentrieren kann.
- Durch die Fußarbeit ähnelt das Waveboarden sehr dem Fahren mit Independant Foot Steering auf dem Snowboard.
- Es ist darauf zu Achten, dass die übliche Schutzkleidung getragen wird.
- Die Übungen immer mit beiden Beinen vorne ausprobieren.
- Das Gelände, auf dem geübt wird, soll möglichst dreckfrei sein, um ein optimales Rollen zu gewährleisten. Kleine Steine können zu einem sehr abrupten Stoppen führen.

23 | Gleichgewichtsübungen auf dem Snowboard | II

Kompetenzorientiert	Art des Körpergleichgewichts	Druckbedingungen	Materialien
Winter	Balanciergleichgewicht Drehgleichgewicht Fluggleichgewicht	Präzisionsdruck Simultandruck	Snowboard

Aufgabenstellung:

Wenn beim Snowboarden beide Füße in der Bindung fixiert sind, also eine deutlich eingeschränkte Bewegungsfreiheit vorliegt, werden hohe Ansprüche an das Gleichgewicht gestellt. Es sollte daher ausgehend von einer zentralen, bewegungsbereiten Position ein Balancegefühl in den Bewegungsdimensionen vor-zurück, hoch-tief und seitlich erarbeitet werden.

Übungsbeispiele:

Beschreibung einer sinnvollen Herangehensweise:

1. Roller fahren: Der vordere Fuß ist in der Bindung fixiert und mit dem hinteren wird Schwung geholt. Bei ausreichend Schwung wird der freie Fuß zwischen den Bindungen gegen die hintere Bindung gestellt und es soll so weit als möglich geglitten werden.
2. Im Stand das Gewicht komplett auf ein Bein verlagern, so dass das Gewicht auf einem Boardende gehalten werden muss.
3. Im Stand das Gewicht abwechselnd leicht auf die Zehenspitzen und Ferse bringen. Anfangs empfiehlt sich mit Hilfestellung zu arbeiten.

4. Im Stand Gegenstände vom Boden aufheben. Kann auch während dem Gleiten simuliert werden.
5. In der Ebene zu beiden Seiten einen Kreis springen.
6. „Duckwalk": Gewicht zu einer Seite verlagern und eine Drehung nach vorne einleiten, so dass das Boardende, welches in der Luft ist, sich nach vorne bewegt. Dann Gewichtsverlagerung zur anderen Seite und die Rotation wiederholen. Bestenfalls wird es ein flüssiges Tänzeln von Nose zu Tail, wobei man sich mit dem quergestellten Snowboard nach vorne bewegt. Dies geht auch rückwärts.

Variationen:

- Wettkampfform: Wer schafft es am häufigsten zwischen Front- und Backsidekante zu wechseln ohne umzufallen?
- Wettkampfform: Wer hält das Gewicht am längsten auf Nose / Tail?
- Manche Übungen können auch am Hang bei leichtem Gefälle durchgeführt werden.

Hinweise:

- Viele Übungen können durch Partnerhilfe erleichtert und ohne Partnerhilfe erschwert werden.
- Es ist wichtig auf eine funktionale mittige Position über dem Snowboard zu achten, die für den Erhalt des Gleichgewichts situativ angepasst wird.

Gleichgewichts-Basics im Schneesport

24	Gleichgewichtschulung durch Fahrradfahren		II
Kompetenzorientiert	Art des Körpergleichgewichts	Druckbedingungen	Materialien
Sommer	Balanciergleichgewicht	Präzisionsdruck Simultandruck (Zeitdruck)	Fahrräder Hütchen

Aufgabenstellung:

Die Radfahrkompetenz wird als koordinative Leistung mit erheblichen Anforderungen an die Gleichgewichtsregulation eingeschätzt. Auch wenn die meisten Kinder von klein auf damit vertraut sind, gibt es viele Übungen, die speziell auf die Gleichgewichtsregulation abzielen.

Übungsbeispiele:

Beschreibung einer sinnvollen Herangehensweise:

1. Kurven fahren mit verschiedenen Radien.
2. Beine während dem Fahren weg strecken.
3. Einhändig und freihändig fahren.
4. Bremsen und anhalten ohne abzusteigen und anschließend weiterfahren.
5. Auf dem Hinterrad fahren.
6. Parcoursbewältigung mit vielen verschiedenen Aufgaben: Korridor fahren, Slalom fahren, Kanten überfahren, usw.
7. Partnerübung: Paarweise Hand-in-Hand fahren. Es sollten beide Seiten kennen gelernt werden.

Variationen:

- Durch das Tauschen von Fahrrädern untereinander können unterschiedliche Fahrradeigenschaften kennen gelernt werden.
- Aufgabenbewältigung in höheren Geschwindigkeitsbereichen.
- Wettkampfform: Wer kann am schnellsten einarmig durch einen vorgegeben Parcours fahren?

Hinweise:

- Die Übungen können auch in unebenes Gelände gebracht werden. Die Attraktivität steigt durch die veränderte Umgebung.

25	Langlaufen im Gleichgewicht		II–III
Kompetenzorientiert	Art des Körpergleichgewichts	Druckbedingungen	Materialien
Winter	Balanciergleichgewicht	Präzisionsdruck	Bälle Hütchen Langlaufski

Aufgabenstellung:

Beim Training mit Langlaufski kann neben dem Erlernen einer weiteren Gleitsportart eine gute Technik- und Gleichgewichtsschulung für den alpinen Skisport durchgeführt werden. Durch das Bindungssystem wird eine labile Situation geschaffen, die zu bewältigen ein sehr gutes Gleichgewichtsvermögen erfordert. Hinzu kommt, dass die Ski schmaler sind und dadurch die gleitende Unterlage noch kleiner ist.

Übungsbeispiele:

Beschreibung einer sinnvollen Herangehensweise:

1. Einen Ski anschnallen und ohne Stöcke in der Ebene fortbewegen.
2. Einbeinschieben: Das freie Bein anheben und sich mit den Stöcken vorwärtsschieben.
3. Gleiten mit Positionsveränderungen: während dem Gleiten Vor- und Rücklage einnehmen. Der Körper kann auch nach links-rechts, oben-unten bewegt werden.
4. „Flieger": Die Stöcke werden quer vor dem Körper gehalten. Der Läufer holt mit mehreren Schlittschuhschritten Schwung, um auf einem Ski, den Oberkörper und die Stöcke über diesen Gleitski streckend, als Flieger zu gleiten. Das freie Bein wird nach hinten gestreckt.
5. „Känguru": Während der Gleitphase springt der Läufer mit dem Gleitski ab, landet auf dem gleichen Bein und gleitet weiter.
6. Ein leicht abfallendes Gelände in bekannten Skitechniken runterfahren. Da ein Langlaufski keine Kanten besitzt, wird es sehr wacklig.
7. Gruppenübung „Langlauf-Fußball": Der Ski des Schussbeins wird abgeschnallt um schießen zu können. Gespielt wird nach variablen Fußballregeln.

Variationen:

- Die Stöcke können als Stützhilfe verwendet, oder zur Erschwerung weggelassen werden.
- Bei einbeinigen Übungen sollen beide Beine geschult werden.
- Das Gelände kann variieren: Ebene, Gefälle, Anstieg.

Hinweise:

- Das Gleichgewicht auf dem gleitenden Langlaufski wieder herzustellen und zu erhalten, wird in jeder Könnensstufe und bei jeder Technik (Klassisch und Skating) zu einem Problem.

Gleichgewichts-Basics im Schneesport

26	Springen und Fliegen mit körperverbundenen Sportgeräten im Sommer			II–III
Kompetenzorientiert	**Art des Körpergleichgewichts**	**Druckbedingungen**	**Materialien**	
Sommer	Fluggleichgewicht Drehgleichgewicht	Präzisionsdruck	Inline-Skates Mountainbikes Skateboard Springseile	

Aufgabenstellung:

Mit körperverbundenen Sportgeräten, wie bspw. Inline-Skates, Skateboards und Mountainbikes, welche hohe Anforderungen an das Gleichgewicht stellen, soll das Fluggleichgewicht geschult werden. Andere Gleichgewichtskomponenten können dabei natürlich nicht ausgeschlossen werden, da die Bewegungen nicht nur in der Luft stattfinden, sondern auch abgesprungen und wieder gelandet werden muss.

Übungsbeispiele:

Skateboards:
1. Hinunterspringen von Bordsteinen und größeren Absätzen.
2. Ollies auf der Stelle.
3. Ollies aus der Fahrt.
4. Ollies über Hindernisse wie bspw. Zauberschnüre.

Inline-Skates:
1. Sprünge auf der Stelle.
2. Sprünge aus der Fahrt.
3. Sprünge über Hindernisse wie bspw. Zauberschnüre.
4. Hinunterspringen von Bordsteinen und größeren Absätzen.
5. Sprünge mit verschiedenen Drehungen (180°, 360°, usw.). Dabei auch aus dem Rückwärtsfahren abspringen.

Mountainbikes:
1. Hinunterspringen von Bordsteinen und größeren Absätzen.
2. Sprünge über Hindernisse wie bspw. Zauberschnüre.
3. Überfahren von kleinen Hügeln mit anschließender Flugphase.

Variationen:

- Die Sprünge können in Höhe, Weite und Form variiert werden.
- Bei Sprüngen über Hindernisse sollte auch mit den Höhen individuell gespielt werden.

Hinweise:

- Es ist darauf zu Achten, dass die übliche Schutzkleidung getragen wird.
- Beim Springen mit dem Mountainbike, sollten Fahrräder genutzt werden, welche die Belastung ohne Probleme aushalten.

27 | Slacklining | II–III

Kompetenzorientiert	Art des Körpergleichgewichts	Druckbedingungen	Materialien
Sommer	Balanciergleichgewicht Standgleichgewicht	Präzisionsdruck	Slacklines

Aufgabenstellung:

Wohl eine der objektivsten Herausforderung an das Gleichgewicht stellt das Slacklinen dar. Geübt werden können dadurch alle vier Arten des Körpergleichgewichts, da echte Profis genau das auf einer Slackline machen: von langen Überquerungen mit Standübungen und Hinsetzen bis zu Sprüngen mit Rotationen ist alles dabei. Im Anfängerbereich wird zunächst stark das Balance- und Standgleichgewicht geschult. Zu Beginn sollte mit Hilfestellung gearbeitet werden.

Übungsbeispiele:

Beschreibung einer sinnvollen Herangehensweise:

1. Parallel zur Slackline mit ca. 1/3 der Linelänge im Rücken stellen, einen Fuß draufstellen und dann versuchen kerzengerade nach oben aufzustehen.
2. Beim ersten Aufstehen ist das Knie meist sehr instabil. Hat man die richtige Belastung auf dem Bein, wird das Beinwackeln weniger. Zur Verbesserung der Stabilität ist es sinnvoll das zweite Bein sofort hinter das erste auf die Line zu setzen.
3. Weitere Stabilität wird erreicht durch fixieren eines Punktes wie bspw. den gegenüberliegenden Baum. Nicht nach unten schauen.
4. Die sogenannte Grundposition finden: Knie leicht gebeugt, Oberkörper aufrecht, Arme in Hände-hoch-Position.
5. Beim Gehen liegt das Hauptgewicht auf dem vorderen Bein. Beim Stand auf einem Bein liegt das Gewicht möglichst zentral über dem Standbein.
6. In die ersten Schritte hineinfühlen, nicht hineinfallen: Das heißt den hinteren Fuß eng am vorderen Fuß vorbeiführen um das Band leichter zu finden. Dabei Schultergürtel, Arme, Beine und Hüfte nutzen, um den Gleichgewichtszustand aufrecht zu erhalten. Bei Unsicherheiten immer eher tief gehen um den Körperschwerpunkt abzusenken.

Variationen:

- Nach meistern der ersten Schritte mit Hilfestellung, sollte versucht werden eine bestimmte Strecke alleine zu bewältigen.
- Wettkampfform: Wer schafft die längste Strecke?

Hinweise:

- Eine sinnvolle Länge im Anfängerbereich ist zwischen 7 und 10 Metern. Je länger die Slackline gespannt ist, desto instabiler ist sie in der Mitte.
- Die Slackline sollte zwischen Knie- und Schritthöhe gespannt sein, um nicht bis zum Boden durchzuhängen, aber auch keinen unangenehmen Kontakt im Schritt zu verursachen.
- Die Bäume sollten einen Mindestdurchmesser von 30 Zentimetern haben und es sollte mit Baumschutz gearbeitet werden, da sonst die Rinde dauerhaft beschädigt werden kann.

28	Balanceschulung über weitere körperverbundene Trendsportarten		I–III
Kompetenzorientiert	Art des Körpergleichgewichts	Druckbedingungen	Materialien
Sommer	Balanciergleichgewicht Standgleichgewicht Drehgleichgewicht Fluggleichgewicht	Präzisionsdruck Sukzessivdruck Simultandruck Variabilitätsdruck (Zeitdruck)	Kickboards Longboards Nordic-Skates Scooter Wakeboards Wasserski ...

Aufgabenstellung:

Trendsportarten strahlen einen besonderen Reiz aus. Sie suggerieren Fun und Action und sind ganz nebenbei auch hervorragend geeignet zur koordinativen Schulung. Durch ihre relativ offensichtlichen Ähnlichkeiten mit den Zielsportarten Skifahren und Snowboarden bieten sie ideale Voraussetzungen, um im Sommer für den Winter zu trainieren. Die hier vorgestellten Trendsportarten bieten alle eine kleine und labile Stützfläche, die in Bewegung und durch aufschalten unterschiedlichster Zusatzaufgaben den Erhalt und die Wiederherstellung des Körpergleichgewichts fordern. Oft werden schon durch das einfache sich Fortbewegen mit diesen Sportgeräten große Anforderungen an das Gleichgewicht gestellt.

Übungsbeispiele:

Longboarden: Kann man grob genommen zum Skateboarden kategorisieren, hat aber aufgrund der anders abgestimmten Boards und Achsen ein anderes Fahrgefühl, das eher dem Freeriden als dem Freestyle zuzuordnen ist.

Kickboard fahren / Scooter fahren: Das Kickboard bzw. der Scooter haben eine schmale Stützfläche mit 3 bzw. 2 Rollen und einer Lenkstange. Durch die seitliche Instabilität und das anspruchsvolle Lenken wird der permanente Gleichgewichtserhalt erschwert.

Wasserski und Wakeboarden: Durch ihre Ähnlichkeit zum jeweiligen Wintersportpendant kann ein Training an einer Wassersportanlage zu einer sehr sinnvollen Unterrichtseinheit werden. Hauptaufgabe ist es, den Gleichgewichtserhalt zu sichern, was auf Wasser wieder andere Anforderungen an die Kinder stellt als im Schnee.

Nordic-Skating: Ähnelt stark dem Skilanglauf und wird oftmals zum Konditionstraining in den schneefreien Tagen genutzt. Die Bewegungsabläufe entsprechen denen des Skilanglaufs, daher können ähnliche Inhalte wie in Aufgabe 25 geschult werden.

Variationen:

- Es können Partner- und Gruppenaufgaben, verschiedene Spiele und Wettkampfformen auf Können und auf Zeit mit diesen Sportgeräten durchgeführt werden.
- Das Erlernen einiger dieser Sportarten beginnt mit Standübungen und wird mit Fahrten in unterschiedlichen Tempobereichen fortgesetzt. Es bestehen zusätzlich vielseitige Einsatzmöglichkeiten, die denen der bereits vorgestellten Trendsportarten Skateboarden und Inline-Skating ähneln. So können bspw. verschiedene Aktionen, wie Sprünge oder sportartspezifische Tricks, durchgeführt werden.

Hinweise:

- Weitere Übungsbeispiele können in der entsprechenden Fachliteratur gefunden werden.

Koordinative Basics im Schneesport 3

3.1 Einleitung

In diesem Kapitel wird die Schulung der koordinativen Grundlagen im Schneesport mit einer Fülle von Aufgaben für den Sommer und Winter beschrieben. Die koordinativen Anforderungen sind dem Modell von Neumaier und Mechling (1995) sowie deren inhaltlichen (*Roth* 1998; *Roth & Kröger* 1999) und terminologischen (*Weineck* et al. 2012) Weiterentwicklungen entnommen (vgl. Kapitel 1).

3.2 Ordnungskriterien

Die Spiel- und Übungssammlung werden in Anlehnung an Neumaier und Mechling (1995) sowie Roth (2003) danach strukturiert, auf welche Druckbedingungen die Übungen hauptsächlich abzielen. Ähnlich wie bei den Gleichgewichts-Basics werden meist mehrere Druckbedingungen zugleich trainiert. Die Angaben der Druckbedingungen in der jeweiligen Übung zielen aber auf den in der Aufgabenstellung erwünschten Schwerpunkt ab. Die Druckbedingung Zeitdruck kann oft in Klammern angefügt sein, da viele Aufgaben durch Wettkampfformen wie bspw. Staffelspiele oder ähnliches die Komponente Zeitdruck aufgeschaltet bekommen können.

Auf einer zweiten Stufe wird das Informationsanforderungsprofil der jeweiligen Aufgabe aufgezeigt, anschließend die (vorwiegende) zeitliche Einsatzmöglichkeit (Winter/Sommer). Danach wird diese Unterteilung weiter in die verschiedenen notwendigen Materialien ausdifferenziert. Schließlich wird neben dem Titel die Komplexitätsstufe angegeben, die anzeigt, bei welcher Alters- bzw. Könnensstufe die Aufgaben einzusetzen sind.

3.3 Aufgabensammlung

3.3.1 Präzisionsdruck

1	Rhythmusschulung mit dem Seil		I–II
Druckbedingungen	**Anforderungsprofil**	**Zeitliche Einordnung**	**Materialien**
Präzisionsdruck	optisch	Sommer	Springseile

Aufgabenstellung:

Mit Springseilen unterschiedlicher Länge kann man viele rhythmusschulende Aufgaben kreieren.

Dabei müssen nicht nur die Kinder, die durch ein Seil springen, sich einem externen Rhythmus anpassen, sondern auch diejenigen, die das Seil in Bewegung halten, müssen einen gleichmäßigen Rhythmus vorgeben.

 Übungsbeispiele:

1. Auf der Stelle mit variierenden Rhythmen und Techniken Seilspringen: auf zwei Beinen, von einem aufs andere Bein, mit Kniehub usw.
2. Im Laufen / Joggen seilspringen.
3. Partnerübung: Zu zweit mit einem Seil springen. Das Kind ohne Seil kann dabei mit dem Rücken oder dem Bauch zum Partner stehen.
4. Gruppenübung: Zwei Kinder lassen ein Seil pendeln und die anderen Kinder müssen nacheinander, zu zweit, mit Handfassung usw. drüber springen.

5. Gruppenübung: Zwei Kinder schwingen ein Seil und die anderen Kinder müssen nacheinander, zu zweit, mit Handfassung, mit Zwischensprüngen usw. drüber springen.
6. Gruppenübung: Zwei Kinder schwingen ein Seil während ein drittes Kind um die Beiden eine Acht läuft. Der Rhythmus muss also sehr genau abgestimmt werden, damit flüssige Achten gelaufen werden können.
7. Gruppenübung: Ein Kind springt zwischen zwei Seilen die von zwei Kindern zeitversetzt geschwungen werden.

Variationen:

- Man kann das Seil vor- und rückwärts schwingen und somit die Kinder zum drüber springen oder drunter herlaufen bewegen.

Hinweise:

- Darauf achten, dass die seilschwingenden Kinder in sinnvollen Abständen abgelöst werden.

2	Synchron- und Formationsfahren		II–III
Druckbedingungen	**Anforderungsprofil**	**Zeitliche Einordnung**	**Materialien**
Präzisionsdruck Simultandruck Variabilitätsdruck	optisch akustisch	Winter Sommer	Ski Inline-Skates Snowboard Skateboard

Aufgabenstellung:

Ziel des Synchronfahrens ist es, dass mehrere Personen beim Fahren zum gleichen Zeitpunkt die gleichen Bewegungen durchführen. Dazu gibt meist einer ein akustisches Signal vor. Von Formationsfahren wird dann gesprochen, wenn mehrere Wintersportler gemeinsam so abfahren, dass ihre Abfahrt eine ganz bestimmte, aufeinander abgestimmte Form ergibt.

Übungsbeispiele:

1. Unterschiedliche Formationen Fahren: wilde Wolke, Pfeilspitze usw.
2. Unterschiedliche Rhythmen fahren: langsam, mittel, schnell.
3. Unterschiedliche Kurven fahren: Pflugkurven, Kurzschwung usw.
4. In einer Synchronfahrt mit den Radien und Winkeln spielen.

Variationen:

- Verschiedene Geländeformen: vom einfachen flachen Hang bis zur Buckelpiste.
- Komplexität der Formation verändern.
- Personenanzahl: je mehr Personen, desto schwerer.
- Synchronfahren kann schon im Anfängerbereich angewendet werden: Zusammen Schuss fahren und gleichzeitig hoch- bzw. tiefgehen, oder synchron Pflugbogen fahren.

Hinweise:

- Synchron- und Formationsfahren ist mit allen Wintersportgeräten und bei leichtem Gefälle auch mit Inline-Skates und dem Skateboard im Sommer möglich.
- Beim Synchronfahren wird nur darauf geachtet, dass alle Aktivitäten synchronisiert werden.
- Beim Formationsfahren ist die Synchronität Voraussetzung. Es wird zusätzlich noch auf das Einnehmen und Wechseln von bestimmten Gruppenformen und Figuren wert gelegt.

Koordinative Basics im Schneesport

3	Lehrspurfahren			I–II
Druckbedingungen	**Anforderungsprofil**	**Zeitliche Einordnung**	**Materialien**	
Präzisionsdruck Simultandruck	optisch	Winter Sommer	Ski Inline-Skates Snowboard Skateboard	

Aufgabenstellung:

Es handelt sich hierbei um eine Gruppenübung. Eine vom Vordermann vorgegebene Spur soll identisch nachgefahren werden. Man darf dabei die Gruppengröße nicht zu groß wählen, da die Hinteren in einer längeren Schlange kaum noch ein Nutzen von der Aufgabe haben.

Übungsbeispiele:

1. Der Vordermann variiert die Winkel und Radien.
2. Der Vordermann variiert zwischen rhythmischen und arhythmischen Kurven.
3. Beim Snowboarden kann zwischen Forward und Switch gewechselt werden.

Variationen:

- Unterschiedliche Geländewahl: Steilheit, Buckelpiste usw.
- Zusatzaufgaben können jederzeit aufgeschaltet werden.

Hinweise:

- Lehrspurfahren ist mit allen Wintersportgeräten und bei leichtem Gefälle auch mit Inline-Skates und dem Skateboard im Sommer möglich.
- Die Abstände sollen möglichst klein gehalten werden, ohne die Sicherheit zu vernachlässigen.
- Man soll sich genau am Vordermann, bzw. an der Spur im Schnee orientieren.

4 Belastungstest · II

Druckbedingungen	Anforderungsprofil	Zeitliche Einordnung	Materialien
Präzisionsdruck	kinästhetisch	Sommer	Waagen

Aufgabenstellung:

Um die eigene Belastung der Beine feststellen und beeinflussen zu können, können zwei herkömmliche Personenwaagen genutzt werden. Man stellt auf jede Waage ein Bein und verlagert das Gewicht.

Übungsbeispiele:

1. Aus einer gleichverteilten Position das Gewicht zu einer und zur anderen Seite verlagern und versuchen die Maximalbelastung auszutarieren.
2. Einen Wert selbst vorgeben und versuchen diesen so exakt wie möglich zu treffen.
3. Einen Wert genannt bekommen und versuchen blind den Wert zu treffen.
4. Belasten zu einer Seite und ohne zu schauen angeben, mit wie viel Kilogramm man belastet. Hinterher schauen, wie weit die tatsächliche Belastung von der Vorgabe abwich.
5. Belastung stufenweise, bspw. in 10 kg-Schritten, erhöhen und anschließend wieder verringern.

Variationen:

- Man kann als Vorübung diese Aufgabenstellung auf einer Weichbodenmatte ausprobieren, um die unterschiedliche Belastung anhand der Verformung festzustellen.

Hinweise:

- Die zu erreichenden Werte müssen am Anfang nur in einem vorgegeben Toleranzbereich getroffen werden.
- Später sollten die Werte exakt getroffen und gehalten werden können.

5 | Fahren auf dem Außenski | II–III

Druckbedingungen	Anforderungsprofil	Zeitliche Einordnung	Materialien
Präzisionsdruck	vestibulär kinästhetisch	Winter Sommer	Ski Inline-Skates

Aufgabenstellung:

Es soll beim Kurven fahren immer der kurvenäußere Ski belastet werden.

Übungsbeispiele:

Beschreibung einer sinnvollen Herangehensweise:

1. Anschieben in der Ebene und während der Gleitphase abwechselnd einen Ski anheben.
2. Schrägfahrt in einem flachen Gelände mit mehrmaligem Anheben des Innenskis.
3. Beidseitiges Üben bei einem zunehmend steileren Gelände.
4. Aneinandergereihte Kurven mit mehrmaligem Anheben des Innenskis im Kurvenverlauf. Das Absetzen des Innenskis soll zunehmend verringert werden.
5. Kurve fahren mit Anheben des Innenbeins über den gesamten Kurvenverlauf. Der Ski wird erst wieder zum Kurvenwechsel abgesetzt.
6. Kurvenwechsel durch Umspringen von dem alten auf den neuen Außenski. Daraus ergibt sich ein permanentes Einbein- bzw. Außenskifahren.

Variationen:

- Anfangs kann mit den Stöcken abgestützt werden.

Hinweise:

- Es muss auf eine zentrale Position über dem Ski geachtet werden.
- Ohne eine gewisse Grundgeschwindigkeit wird es schwer das Gleichgewicht zu halten.

3.3.2 Zeitdruck

6	Stangen fahren			III
Druckbedingungen	**Anforderungsprofil**	**Zeitliche Einordnung**	**Materialien**	
Zeitdruck Präzisionsdruck	optisch	Winter Sommer	Ski Inline-Skates Snowboard Skateboard Hütchen Kippstangen	

Aufgabenstellung:

Es werden Stangen (im Winter) / Hütchen (im Sommer) gesteckt. Man kann sowohl einen Slalom, als auch einen Stangenwald stecken. Ziel der Übung ist es, so nahe wie möglich an die Stangen heranzufahren und somit den schnellsten Weg ins Tal zu fahren.

Übungsbeispiele:

1. Einen rhythmisch gesteckten Kurs durchfahren.
2. Einen arrhythmisch gesteckten Kurs durchfahren.
3. Gleiche Aufgabenstellungen wie in 1. und 2. mit Zusatzaufgaben wie bspw. rote Stange = sich klein machen, blaue Stange = sich groß machen.

Variationen:

- Die Zusatzaufgaben können beliebig ausgebaut werden.
- Die Schwierigkeit kann durch Variationen des Slaloms / Stangenwaldes und des Geländes verändert werden.

Hinweise:

- Die Stangen können auch im Winter durch Hütchen ersetzt werden. Ein Vorteil ist, sie sind schneller und flexibler umzustellen.
- Anfangs sollte der Zeitfaktor nicht die übergeordnete Rolle spielen, sondern über eine rhythmische Fahrt so nahe wie möglich an die Stangen herangekommen werden.
- Es kann auch auf Stangenkontakt gefahren werden. Hierbei ist jedoch eine Schutzausrüstung erforderlich, um Verletzungen vorzubeugen.

7 | Beintapping | II

Druckbedingungen	Anforderungsprofil	Zeitliche Einordnung	Materialien
Zeitdruck	kinästhetisch	Sommer	Stühle

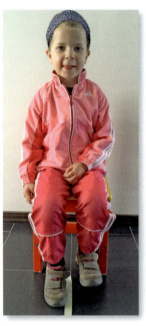

Aufgabenstellung:

Der Übende sitzt auf einem Stuhl und bewegt beide Beine über eine, in Höhe der Stuhlmitte auf dem Boden angebrachte, 10 cm breiten Markierung hin und her. Ziel ist es, in einer vorgegebenen Zeit soviel Kontakte wie möglich zu erzielen.

Übungsbeispiele:

1. Mit beiden Beinen über die Markierung.
2. Doppelkontakte auf jeder Seite.
3. Nur mit dem äußeren Bein diagonal tappen.
4. Außenbein vor dem Innenbein aufsetzen.
5. Innenbein vor dem Außenbein aufsetzen.

Variationen:

- Variationen bei der Belastungszeit.
- Auch im Stand durchführbar.

Hinweise:

- Der Oberkörper soll so ruhig wie möglich gehalten werden.
- Es zählen nur die Versuche, bei denen die Linie nicht berührt wurde.

8 | Spiele in der Ebene | I

Druckbedingungen	Anforderungsprofil	Zeitliche Einordnung	Materialien
Zeitdruck Sukzessivdruck Simultandruck	akustisch optisch	Winter Sommer	Ski Inline-Skates

Aufgabenstellung:

In der Ebene werden Spiele durchgeführt, welche die Reaktionsfähigkeit verbessern, um später während dem normalen Pistenbetrieb schnell auf unvorhergesehene Veränderungen, wie bspw. kreuzende Skifahrer, reagieren zu können.

Übungsbeispiele:

1. Wer erreicht am schnellsten das Ziel? Aus verschiedenen Ausgangssituationen (mit und ohne Stöcke) wird auf Kommando zu einer Zielmarkierung gelaufen: aus der Hocke, der Sitzposition neben den Skiern, der Grätschstellung, der Pflugstellung usw.
2. Wer entkommt dem Jäger? Ein mit einem Ball bewaffneter Jäger beginnt die Hasen in einem begrenzten Feld abzuwerfen. Alle abgeschossenen Hasen werden selbst zu Jägern. Sobald der Jäger Gehilfen hat, darf mit dem Ball nicht mehr gelaufen werden.
3. Wer raubt den Ball? Zwei Mannschaften stehen sich gegenüber. Jede Mannschaft zählt durch, so dass jeder Spieler eine Nummer erhält. In der Mitte des Spielfeldes liegt ein Ball. Es wird eine Nummer gerufen, und die Kinder, die diese Nummer besitzen, müssen so schnell wie möglich versuchen den Ball in der Mitte zu holen.

Variationen:

- Die Art der Fortbewegung kann variieren: mit einem oder beiden Skiern laufen, Gleiten mit Doppelstockschub (vorwärts und rückwärts), in Grätschstellung oder Pflugstellung laufen usw.
- Veränderungen des Startzeichens: Rufen, Pfeifen, Klatschen.
- Das Startsignal kann auch optisch, durch Armbewegungen oder eine Fahne, erfolgen.

Hinweise:

- Es sollte auf ausreichend Platz zwischen den Kindern geachtet werden.

Koordinative Basics im Schneesport

9	Spiele am Hang			I–II
Druckbedingungen	**Anforderungsprofil**	**Zeitliche Einordnung**	**Materialien**	
Zeitdruck Simultandruck Variabilitätsdruck	optisch akustisch	Winter Sommer	Ski Inline-Skates Snowboard Skateboard Kippstangen	

Aufgabenstellung:

Mit den folgenden Spielen und Übungen sollen die Grundlagen für ein schnelles, situatives Anpassen gelegt werden. Es soll, wie auch in Aufgabe 8, die Reaktionsfähigkeit verbessert werden.

Übungsbeispiele:

1. Wer kann am schnellsten ausweichen? Die Gruppe bildet eine weit auseinandergezogene Gasse durch die jeweils ein Kind im Schuss durchfährt. Es muss vor in den Weg geworfenen Schneebällen ausgewichen werden.
2. Wer kann am schnellsten die Fahrbahn wechseln? Mehrere Slalomläufe sind nebeneinander gesteckt. In allen Läufen startet gleichzeitig ein Fahrer. Auf ein Signal hin muss jeder Läufer so schnell wie möglich den Kurs wechseln ohne die Mitfahrer zu behindern.
3. Wer reagiert am schnellsten? Der Übungsleiter steht am Hangende und gibt durch abgesprochene Handzeichen Änderungen der Fahrweise an: Beide Hände hoch: Fahren mit dynamischer Vertikalbewegung; Arme nach unten: Fahren in tiefer Position; Arme vor: Kurven fahren mit extremer Vorlage usw.

Variationen:

- Zunehmendes Verengen der Gasse.
- Die Schwierigkeit der Übungen kann durch Veränderungen der Kurventechnik und weitere Zusatzaufgaben erhöht werden.
- Durch zunehmend steileres Gelände kann der Schwierigkeitsgrad verschärft werden.

Hinweise:

- Bei Übungsbeispiel 2. muss auf einen unfallfreien Wechsel der Spur geachtet werden, in dem bspw. alle zunächst nach rechts und danach nach links wechseln. Demnach muss ein Slalomlauf mehr gesteckt werden als Kinder gegeneinander fahren.

3.3.3 Sukzessivdruck

10	Taktstöcke			I–II
Druckbedingungen	**Anforderungsprofil**	**Zeitliche Einordnung**	**Materialien**	
Sukzessivdruck Simultandruck	taktil	Winter Sommer	Ski Inline-Skates	

Aufgabenstellung:

Die Skistöcke, bzw. die Arm-Stock-Arbeit beim Skifahren, haben unterschiedliche Aufgaben: Stütz- bzw. Abdruckhilfe, Stabilisations- und Balancehilfe sowie Rhythmushilfe. Die Stöcke können also auch als Taktgeber dienen.

Damit der Stockeinsatz der Rhythmusschulung dienen kann, muss im Voraus der Zeitpunkt, an dem er stattfinden soll, festgelegt werden.

Übungsbeispiele:

1. Alternierender Stockeinsatz in der Ebene trocken üben.
2. In der Schrägfahrt mehrmals hintereinander tief gehen und als Auftaktbewegung zum Strecken den Stock einsetzen, ohne dabei eine Kurve zu fahren. Auf beiden Seiten üben.
3. Kurvenfahren mit angetäuschtem Stockeinsatz: Eins-Zwei-Drei-Stockeinsatz.
4. Häufigen Stockeinsatz abbauen, bis er nur noch einmalig eingesetzt wird.
5. Kurven mit konstantem Rhythmus und übertriebenem Stockeinsatz.
6. Partnerübung: Man fährt hintereinander und der Hintermann versucht seinen Stock exakt dort einzusetzen, wo auch der Vordermann den Stockeinsatz gebracht hat.

7. Gruppenübung: Synchron fahren ohne den Rhythmus mitzusprechen. Der Rhythmus soll allein durch die Arm-Stock-Arbeit erkannt werden.

Variationen:

- Über das Gelände Radien und Winkel variieren und den entsprechenden funktionellen Stockeinsatz üben.
- Zeitpunkte des Stockeinsatzes variieren lassen: vor / während / nach der Kurve.
- Ausführungen des Stockeinsatzes: mehr aus den Armen / Handgelenk, kräftiger Abstoß, Doppelstock usw.
- Der Stockeinsatz kann auch im Sommer bei leichtem Gefälle mit Inline-Skates geübt werden.

Hinweise:

- Beide Arme bzw. Seiten des Stockeinsatzes sollen gleich arbeiten.
- Oberkörperspannung ist Voraussetzung. Die Arme sollten immer neben dem Körper im eigenen Sichtfeld gehalten werden und nicht nach unten oder hinter dem Körper hängen.
- Die Stöcke dürfen entsprechend der Körpergröße nicht zu lang sein, da sonst kein optimaler Einsatz, bei einem ruhigen Oberkörper, möglich ist.

11 | Spurbildvorgabe | II–III

Druckbedingungen	Anforderungsprofil	Zeitliche Einordnung	Materialien
Sukzessivdruck	optisch	Winter Sommer	Ski Inline-Skates Snowboard Skateboard

Aufgabenstellung:

Es wird ein konkretes Spurbild geplant, so dass über einen längeren Pistenbereich oder Zeitraum ein genauer Plan erstellt wird, den der Schüler genau so auszuführen hat. Es soll zu einem Wechsel verschiedener Technikformen sowie variablen Radien und Winkeln kommen. Teilstücke können auch Switch gefahren werden.

Übungsbeispiele:

1. Ein Beispiel für das Skifahren: 2 x Kurzschwung, 2 x mit explosivem Aufrichten, 2 x Kniekippen bei mittleren Radien.
2. Ein Beispiel für das Snowboarden: 2 x große Radien, 2 x mit demonstrativem Strecken der Beine, 2 x große Winkel.

Variationen:

- Es kann zwischen allen möglichen Technikformen und Bewegungsausführungen gewechselt werden.
- Die Anzahl der gewählten Kurven kann frei variiert werden.
- Je mehr unterschiedliche Kurven und je länger das Spurbild, desto schwieriger.

Hinweise:

- Es kann mit kürzeren Vorgaben begonnen werden.
- Die Vorgaben sollten dem Könnensstand angemessen sein.

Koordinative Basics im Schneesport

12	Links-Rechts-Variation			III
Druckbedingungen	**Anforderungsprofil**	**Zeitliche Einordnung**		**Materialien**
Sukzessivdruck Variabilitätsdruck	kinästhetisch	Winter		Ski Snowboard

Aufgabenstellung:
Die Linkskurve soll immer anders gefahren werden als die Rechtskurve.

Übungsbeispiele:

1. In der Linkskurve so gebeugt wie möglich, in der Rechtskurve so gestreckt wie möglich.
2. In der Linkskurve so schnell wie möglich, in der Rechtskurve so langsam wie möglich.
3. Snowboarder: In der Linkskurve mit Strecken der Beine, in der Rechtskurve mit Beugen der Beine.
4. Skifahrer: In der Linkskurve im Pflugbogen, in der Rechtskurve mit paralleler Skistellung.

Variationen:

- Technikform und Bewegungsausführungen können und sollen beliebig variiert werden.
- Die Radien und Winkel können von Seite zu Seite variiert werden.
- Die Schwierigkeit kann durch einen Geländewechsel erhöht werden.
- Es kann in Kleingruppen gefahren werden.

Hinweise:

- Am Anfang sollte kein zu unterschiedliches Bewegungsmuster zwischen links und rechts gewählt werden.
- Radien anfangs größer wählen, um mehr Vorbereitungszeit für die nächste Kurve zu haben.

13 | Mit Rhythmus den Berg hinab | II

Druckbedingungen	Anforderungsprofil	Zeitliche Einordnung	Materialien
Sukzessivdruck Simultandruck	kinästhetisch	Winter	Ski (Snowboard)

Aufgabenstellung:

Die Fähigkeit, sich rhythmisch zu bewegen, ist allgemein und natürlich auch im Schneesport erlernbar. Die folgenden Aufgaben sollen einen entsprechenden Einstieg und verschiedene Übungsmöglichkeiten vermitteln.

Die folgenden Übungsbeispiele sind primär für Skifahrer gedacht, können aber teilweise auf das Snowboarden übertragen werden.

Übungsbeispiele:

In der Ebene:

1. Mit angeschnallten Ski auf der Stelle treten und die Arme gegengleich mitschwingen.
2. Gleitschieben oder Schlittschuhschritt mit kräftigem Anschieben der Stöcke. Die Stöcke sollen immer im gleichen Zeitintervall eingesetzt werden.
3. Gruppenübung: Alle im gleichen Rhythmus in die Knie gehen und explosiv strecken, so dass die Skienden Kontakt verlieren.
4. Gruppenübung: Gleiche Aufgabenstellung wie in 3., aber abwechselnd die Skienden nach links und rechts bewegen oder in die Pflugstellung springen.

Am Hang:

1. In der Schrägfahrt rhythmischer Wechsel zwischen auf- und abkanten.
2. Versuchen rhythmische Kurven zu fahren und anschließend anhand des Spurbilds reflektieren.
3. Gleicher Rhythmus mit verschiedenen Fahrtechniken: Pflug, Parallel, Strecken und Beugen der Beine.
4. Eigene Rhythmusvariationen: 2 große, 2 mittlere, 2 kleine Radien.
5. Fest vorgeschriebene Rhythmuswechsel einhalten.
6. Partnerübung „Schattenfahren": Der Vordermann fährt gleichmäßige Kurven, die der zweite Fahrer genau nachfahren soll.
7. Partnerübung: Der Hintermann gibt akustische Signale zum Kurvenwechsel, die der Vordermann rhythmisch umsetzen muss.

Variationen:

- Es bieten sich unzählige Formen des Formation- und Synchronfahrens an.
- Alle Übungen können mit variierendem Rhythmus (verschiedene Zeitintervalle) durchgeführt werden.
- Viele Einzelübungen können auch paarweise oder in Kleingruppen stattfinden.
- Das Gelände und die Fahrtechnik können dem Niveau entsprechend beliebig gewählt werden.

Hinweise:

- Der Rhythmus ist in Situationen wie bspw. einer Buckelpiste oder in einem Slalom mitverantwortlich für ein Gelingen der gewünschten Aktion.

3.3.4 Simultandruck

14	Gimme-Five			I–II
Druckbedingungen	**Anforderungsprofil**	**Zeitliche Einordnung**	**Materialien**	
Simultandruck	akustisch optisch	Winter Sommer	Ski Inline-Skates Snowboard Skateboard	

Aufgabenstellung:

Man fährt zu zweit und während des Kurvenfahrens wird vom Hintermann eine Zahl gerufen, welche der Vordermann mit den Fingern anzeigen muss (bei Zahlen > 5 muss die Zahl jeweils mit beiden Händen gezeigt werden).

Übungsbeispiele:

1. Man gibt eine Zahl und die Hand mit der diese gezeigt werden soll vor.
2. Es werden zwei unterschiedliche Zahlen < 5 angesagt und müssen gleichzeitig gezeigt werden.
3. Es werden mehrere Zahlen hintereinander gesagt, die dann hintereinander angezeigt werden sollen.

Variationen:

- Die Aufgabe zu geforderten Techniken fahren.
- Die Aufgabe kann umgedreht werden: es werden Zahlen gezeigt und man muss sie ansagen.

Hinweise:

- Die Kinder müssen laut genug rufen, so dass der Vordermann trotz Fahrtwind eine Chance hat, die Zahl zu hören.
- Die Zahl sollte zwei Richtungsänderungen lang gezeigt werden, danach kann man die Hände wieder schließen und auf die nächste Zahl warten.

Koordinative Basics im Schneesport

15	Vieles miteinander			II–III
Druckbedingungen	**Anforderungsprofil**	**Zeitliche Einordnung**	**Materialien**	
Simultandruck	taktil vestibulär	Winter Sommer	Ski Inline-Skates Snowboard Skateboard Hütchen Kippstangen	

Aufgabenstellung:

Im Schneesport können und müssen viele unterschiedliche Aktionen durchgeführt werden, die oftmals zeitgleich stattfinden. Dabei kommt es stets darauf an, dass die Ausführung mehrerer Aktionen optimal aufeinander abgestimmt ist. So gibt es verschiedene Körperpartien, die gleichzeitig agieren können: Koordination und Abstimmung der Beine untereinander, zwischen Armen und Beinen, von Rumpf und Gliedmaßen usw.

Durch die folgenden Übungsbeispiele sollen vielfältige und auch ungewöhnliche Kombinationen von Aktionen aufgezeigt werden.

Übungsbeispiele:

1. Durch eine etwa ein bis zwei Meter breite Stangengasse fahren und dabei abwechselnd mit beiden Hände links bzw. rechts die Stangen berühren. Variation: rote Stange = eine Hand; blaue Stange = zwei Hände.
2. Bei unterschiedlichen Kurventechniken mit der Skispitze des unbelasteten Skis im Takt unterschiedlich oft und schnell auf den Schnee „klopfen". Variation: im Wechsel Skispitze und Skiende auf den Schnee tippen.
3. Springen und während der Flugphase unterschiedliche Aktionen ausführen: spiegelbildlich Springen (beide Arme oder Beine führen die gleichen Aktionen aus), einseitig Springen (nur mit einem Arm oder Bein Aktionen ausführen), gegengleich Springen (eine Skispitze anheben und ein Skiende absenken).

Variationen:

- Die Schwierigkeit kann durch Veränderungen des Geländes, des Tempos und der Schneeart variiert werden.

Hinweise:

- Die Stangenfarben müssen nicht nur abwechselnd rot, blau, rot, blau gesteckt werden, sondern können durch Variation die Konzentration auf die Aufgabe erhöhen.

16 | Der Rhythmus liegt im Takt | II

Druckbedingungen	Anforderungsprofil	Zeitliche Einordnung	Materialien
Simultandruck	akustisch	Sommer Winter	

Aufgabenstellung:

Es sollen über die Zuordnung verschiedener unabhängiger Körperteilbewegungen zu Noten Bewegungen rhythmisch miteinander verknüpft werden. Dazu gibt man einen Takt vor, wie bspw. einen 4/4 Takt:
| 1 2 3 4 | 1 2 3 4 | 1 2 3 4 | 1 2 3 4 |

Übungsbeispiele:

1. Wer kann folgende Bewegungen miteinander kombinieren?

   Rechter Fuß klopft auf die 1 und die 3
   Linker Fuß klopft auf die 1, 2, 3, 4
   Die Hände klatschen auf die 3
   Mit den Fingern schnipsen auf die 4

2. Wer kann folgende Bewegungen miteinander kombinieren?

   Rechter Arm boxt auf die 2
   Linker Arm winkt auf die 3 und die 4
   Auf dem linken Bein hüpfen bei der 1 und der 2
   Auf dem rechten Bein hüpfen bei der 3 und der 4

Variationen:

- Die Liste der Bewegungskombinationen kann unendlich fortgeführt werden.
- Taktvariationen, wie bspw. ein 3/4 Takt (Walzer), machen die Aufgabe zusätzlich interessant.

Hinweise:

- Lautes Mitzählen kann helfen den Rhythmus zu erfassen.
- Die Aufgaben nicht bis ins Unendliche üben. Lieber variieren und durch neue Taktspiele fordern.
- Die Aufgaben können leicht zur Abwechslung zwischen andere gestreut werden. Auch im Winter am Hang.

17	Piff – Paff – Hugo			I–II
Druckbedingungen	**Anforderungsprofil**	**Zeitliche Einordnung**	**Materialien**	
Simultandruck Sukzessivdruck	akustisch	Winter Sommer	Ski Inline-Skates Snowboard Skateboard	

Aufgabenstellung:

Es werden zum normalen Kurven fahren rhythmische Aufgaben für freie Körperteile aufgeschaltet.

Übungsbeispiele:

1. 1 x mit beiden Händen auf den Oberschenkel klatschen
2. 1 x in die Hände klatschen
3. 2 x mit den Fingern schnipsen
4. Gleiche Aufgabenstellung wie in 1., 2. und 3. nur alles in einer Kurve

Variationen:

- Die Art der Arm- und Handbewegungen kann nach Belieben variiert werden.
- Die Art der Kurven sollte variieren: über Radien und Winkel.
- Die Bewegungen können akustisch begleitet werden.

Hinweise:

- Es wird ohne Stöcke gefahren.
- Die einzelnen Reihenfolgen mehrmals nacheinander üben, dann variieren.

18 | Hampelmann-Kurve | I–II

Druckbedingungen	Anforderungsprofil	Zeitliche Einordnung	Materialien
Simultandruck Präzisionsdruck	kinästhetisch	Winter	Ski Kurzski

Aufgabenstellung:

Zeitgleich, bzw. im gleichen Rhythmus zweier Kurven, soll mit den Armen die Hampelmannbewegung gemacht werden.

Übungsbeispiele:

1. Die Arme zum Kurvenwechsel hoch- und zur Kurvensteuerung runternehmen oder umgekehrt.
2. Die Arme zum Kurvenwechsel vor- und zur Kurvensteuerung zurücknehmen oder umgekehrt.
3. Die Arme gegengleich bewegen.

Variationen:

- Die Arme können nicht nur seitlich sondern auch längs des Körpers bewegt werden.
- Diese Übung kann auch wieder in verschiedenen Gruppenaufstellungen gefahren werden: synchron, paarweise gleich- / entgegengesetzt fahren oder die Arme entgegengesetzt bewegen usw.

Hinweise:

- Diese Übung wird ohne Stöcke gefahren.
- Es soll trotz der Armbewegung auf die genaue Ausführung der Technik geachtet werden.

3.3.5 Variabilitätsdruck

19	Kurvenkönig			II
Druckbedingungen	**Anforderungsprofil**	**Zeitliche Einordnung**	**Materialien**	
Variabilitätsdruck	optisch	Winter	Ski Snowboard	

Aufgabenstellung:
Auf einem vorgegeben, abwechslungsreichen Hang sollen soviel Kurven wie möglich aneinandergereiht und gezählt werden.

Übungsbeispiele:

1. Mit vorgegebener Kurventechnik.
2. Gruppenübung: In Teams die Aufgabe fahren lassen und die Anzahl der Kurven aufaddieren.

Variationen:

- Die Schwierigkeit steigern indem das Gelände variiert wird.

Hinweise:

- Durch lautes Mitzählen aller Kinder wird die Motivation gesteigert.

Koordinative Basics im Schneesport

20	Forward-to-Switch-Fahren			III
Druckbedingungen	**Anforderungsprofil**	**Zeitliche Einordnung**		**Materialien**
Variabilitätsdruck Simultandruck	vestibulär	Winter Sommer		Ski Inline-Skates Snowboard Skateboard

Aufgabenstellung:

Mit dem jeweiligen Sportgerät soll aus dem Vorwärtsfahren heraus gedreht und rückwärts weiter gefahren werden. Dabei soll nicht ausschließlich geradeaus geglitten werden, sondern Kurven mit bestmöglicher Steuerqualität gefahren werden.

Übungsbeispiele:

1. Aus der Vorwärtsfahrt durch langsam eingeleitetes Rutschen bis zum Rückwärtsfahren kommen.
2. Den Wechsel durch leichtes Springen einleiten und die restliche Drehung rutschen.
3. Den Wechsel komplett springen.
4. Gleiche Aufgabenstellung wie in 1., 2. und 3. nur rückwärts beginnend.

Variationen:

- Skistellungen, Gelände und Tempo können variiert werden: Rückwärtspflug bis zum Parallelen.
- Man kann mit Hilfe von Kippstangen den Rückwärtsfahrenden sichern.
- Beim Snowboard auch versuchen von der rotationsnahen Kante abzuspringen.

Hinweise:

- Erst im Flachen mit dem Geradeaus-Fahren beginnen und dann langsam zu den Kurven hinarbeiten.

21 | Langlaufen unter rhythmischem Aspekt | II–III

Druck-bedingungen	Anforderungs-profil	Koordinative Fähigkeiten	Zeitliche Einordnung	Materialien
Simultandruck Variabilitätsdruck	vestibulär	Rhythmus-fähigkeit	Winter	Langlaufski

Aufgabenstellung:

Ein rhythmischer Bewegungsablauf ist beim Skilanglauf Voraussetzung für eine technisch gute und ökonomische Ausführung der Bewegung. Für diesen Bewegungsrhythmus ist ein optimaler Wechsel zwischen Spannung und Entspannung nötig. Die folgenden Übungen zeigen, welche Möglichkeiten der Skilanglauf bietet, um die Rhythmusfähigkeit zu schulen.

Übungsbeispiele:

1. Der Stockeinsatz ist bekanntlich eine sehr gute Möglichkeit das Rhythmusgefühl zu verbessern. Er wird bei jedem Schritt zum gleichen Zeitpunkt eingesetzt. Die Intervalle zwischen den Stockeinsätzen sollen gleich groß sein.
2. Partnerübung „Der Wurm": Zwei Läufer (oder mehr) stehen hintereinander und halten sich an der Hüfte fest. Sie sollen im Gleichschritt die Ebene erkunden.
3. Partnerübung „Paarlauf": Zwei Läufer nehmen sich an der Hand oder halten sich an einer Stange fest. Sie sollen sich im gleichen Rhythmus fortbewegen.
4. Partnerübung „Schattenlauf": Hintereinander soll die gleiche Technik im gleichen Rhythmus ausgeübt werden.
5. Partnerübung „Dreibeinlauf": Ein Paar bekommt die inneren Beine zusammengebunden. Sie sollen sich bewegen und sind durch die Fixierung gezwungen dies im gleichen Rhythmus zu machen.

Variationen:

- Die Übungen können mit unterschiedlichen Schrittvariationen, wie bspw. Diagonalschritt, Doppelstockschub usw., ausgeführt werden.
- Einige Übungen können als Wettkampfformen durchgeführt werden.
- Das Gelände kann variieren: in der Ebene, mit Gefälle, Anstieg.

Hinweise:

- Die Übungen eignen sich nur bedingt im Langlaufanfängerbereich.

22	Befahren einer Buckelpiste			III
Druckbedingungen	**Anforderungsprofil**		**Zeitliche Einordnung**	**Materialien**
Variabilitätsdruck	kinästhetisch vestibulär		Winter	Ski Snowboard

Aufgabenstellung:

Die mit den verschiedenen Wintersportgeräten erlernten Techniken sollen, unter den stetig wechselnden Bedingungen einer Buckelpiste, umgesetzt werden.

Für das Befahren von Buckelpisten gelten einige Grundsätze und es gibt verschiedene Möglichkeiten sie zu befahren. Für weiterführende Information wird die Fachliteratur empfohlen.

Übungsbeispiele:

1. Versuchen an den Buckelflanken die Richtungsänderung einzuleiten.
2. Versuchen auf dem Buckel durch extremes Beugen der Beine die Richtungsänderung einzuleiten.
3. Vor dem Losfahren eine Linie überlegen und sich so gut wie möglich an diese halten.

Variationen:

- Die Schwierigkeit kann ohne weiteres durch Geländeveränderungen variiert werden.
- Buckelpistentorlauf: am Ende der Buckelpiste werden unregelmäßig Stangen gesetzt: auf Buckelkuppen oder in Buckeltälern.

Hinweise:

- Das Befahren einer Wellenbahn ist als Vorübung sehr hilfreich.

Koordinative Basics im Schneesport

23	Durch den Funpark		III
Druckbedingungen	**Anforderungsprofil**	**Zeitliche Einordnung**	**Materialien**
Variabilitätsdruck Sukzessivdruck	kinästhetisch vestibulär	Winter	Ski Snowboard

Aufgabenstellung:

Die wechselnden Bedingungen in einem variantenreichen Funpark können ideal genutzt werden um hohe Anforderungen an verschiedene koordinative Fähigkeiten zu stellen. Jeder Funpark hat im Normalfall unterschiedliche Schwierigkeitsstufen, d.h. von kleinen Kickern bis zu den ganz Großen, und das Gleiche gilt für Boxen und Rails. Wenn man sich vorsichtig herantastet, kann der Park langfristig ein anspruchsvolles Übungsgelände werden.

Wichtig dabei ist, sich an die Parkregeln zu halten, damit kein anderer Parkbenutzer gefährdet wird. Sie stehen meist auf einer Tafel am Parkeingang.

Übungsbeispiele:

1. Kleine Straight Boxen überfahren und dabei das Gewicht zentral über der Auflagefläche halten.
2. Kleine Kicker überspringen.
3. Die Hindernisse im Park sinnvoll hintereinander reihen, so dass ein flüssiges Befahren mehrerer Hindernisse gelingt.

Variationen:

- Von den kleineren Hindernissen an größere herantasten.
- Hindernisse mit verschiedenen Bewegungsausführungen / Anweisungen überfahren.
- Leichte Tricks als Wettkampf gestalten.

Hinweise:

- Es sollen nur dem Fahrkönnen entsprechende Hindernisse überfahren werden.
- Es sollte darauf geachtet werden, dass die übliche Schutzkleidung getragen wird.

24 | Übungen mit wechselnden Umgebungs- und Situationsbedingungen | II–III

Druckbedingungen	Anforderungsprofil	Zeitliche Einordnung	Materialien
Variabilitätsdruck Sukzessivdruck (Zeitdruck)	kinästhetisch optisch	Winter Sommer	Ski Inline-Skates Snowboard Skateboard Hütchen Kippstangen

Aufgabenstellung:

Es gibt im Schneesport die unterschiedlichsten Passagen, wie bspw. Gleitstücke, Buckel, Kanten usw., die bewältigt werden müssen. Es soll geübt werden, sich auf die ständige Veränderung von Umgebung und Situation einzustellen.

Übungsbeispiele:

1. Auf einer Abfahrt werden mit Hilfe von Stangen am Pistenrand deutliche Situationsänderungen gekennzeichnet: Hangversteilung, Engstelle, Buckelpiste usw. Die Kinder sollen abschnittsweise ihre Abfahrt selbst planen und an den Stangen Technik und Spur selbst bestimmen. Anschließend können die Erfahrungen untereinander ausgetauscht werden.

2. „Vielseitigkeitslauf": Auf einer Strecke sollen möglichst viele unterschiedliche Aufgaben untergebracht werden: Slalomtore, Riesentorlauf, Schanzen, Buckel, langsame Abschnitte (Schlittschuhschritt).

3. „Blau und Rot": Blaue und rote Stangen in Form eines Einzeltorlaufs stecken, bei dem die blauen und roten Stangen unregelmäßig gesteckt werden können. Den Farben werden zwei unterschiedliche Aufgaben zugeordnet. Beispiele: einbeinig / beidbeinig, nahe an der Stange / weit weg von der Stange, hohe Position / tiefe Position, Vorlage / Rücklage usw.

Variationen:

- Variationen in Gelände, Kurventechniken und Tempo durchführbar.
- Die Veränderungen können im Voraus festgelegt werden oder während der Fahrt situativ umgestellt werden.
- Auch als Wettkampfform auf Zeit.

Hinweise:

- Im Wintersport kann sich die Situation von Meter zu Meter ändern und daher ist es besonders wichtig, variabel auf seinem Wintersportgerät agieren zu können.

Koordinative Basics im Schneesport

25	Kontrastaufgaben			III
Druckbedingungen	**Anforderungsprofil**	**Zeitliche Einordnung**	**Materialien**	
Variabilitätsdruck Sukzessivdruck (Zeitdruck)	kinästhetisch	Winter Sommer	Ski Inline-Skates Snowboard Skateboard	

Aufgabenstellung:

Für Kinder kann es sehr interessant sein vielfältige Situationen kennen zu lernen, bei denen es zu wechselnden Umgebungs- und Situationsbedingungen kommt. Zur Schulung dieser wechselnden Situationen eignen sich Kontrastaufgaben, die für die Kinder als Schwarz-Weiß-Aufgaben bezeichnet werden können.

Übungsbeispiele:

1. Schuss fahren, Schräg fahren, Bogentreten und Schlittschuhschritt, Pflugbogen fahren und Kurven fahren mit starker Vorlage und starker Rücklage im Wechsel. Zusätzlich kann noch in einer durchgehend hohen und tiefen Position gefahren werden.
2. Wechsel zwischen einer dynamischen, umfangreichen Vertikalbewegung und einem Verzicht auf eine Vertikalbewegung. Dies soll bei möglichst allen Fertigkeiten – Schuss, Schrägfahrt, Pflug, Bogentreten usw. – erprobt werden.
3. Wechsel zwischen schwachen und starken Richtungsänderungen.
4. Wettkampfform: Wer kann verschiedene Bewegungskontraste am deutlichsten darstellen? Es können bspw. unterschiedliche Körperpositionen, Skistellungen, Kurventechniken usw. gewählt werden.

Variationen:

- Um den Schwierigkeitsgrad zu verändern, kann in unterschiedlich steilem Gelände und in verschiedenen Schneearten gefahren werden.
- Es können mehrere Kontrastaufgaben gleichzeitig gestellt werden: Wechsel zwischen verschiedenen Kurventechniken und Körperpositionen.

Hinweise:

- Die Aufgaben sind schon sehr nahe an einem reinen Techniktraining.

Technische Basics im Schneesport

4.1 Einleitung

Der zweite, technikorientierte Zugang der Schneeschule, basiert auf fünf schneesportübergreifenden Technikkomponenten. Diese Komponenten bilden eine Basis, durch die es möglich sein soll, alle schneesportspezifischen Bewegungen auszuführen. Jede komplexe Bewegungsaufgabe im Schnesport kann durch ein Zusammensetzen dieser Komponenten gelöst werden. Die folgende Aufgabensammlung soll die einzelnen Technikkomponenten intensiv und weitestgehend isoliert trainieren.

4.2 Ordnungskriterien

Die Aufgabensammlung wird in ähnlicher Weise strukturiert wie in Kapitel 2. Die Einteilung erfolgt nach drei Gesichtspunkten, die hierarchisch gegliedert sind. Als erstes werden die Übungen nach der primären Schulung der Technikkomponenten geordnet. Natürlich ist wieder leicht einzusehen, dass nur in Ausnahmefällen die Übungen eine einzige sensomotorische Anforderung trainieren. In der Regel werden simultan oder sukzessiv mehrere technische Basics zur Lösung der gestellten Aufgabenstellungen eingesetzt. Daher ist die vorgenommene Zuordnung als eine schwerpunktmäßige Schulung eines Technikmoduls anzusehen.

Auf einer zweiten Stufe wird wieder die (vorwiegend) zeitliche Einsatzmöglichkeit benannt (Winter/Sommer). Danach wird diese Unterteilung weiter in die verschiedenen Sportarten und Trendsportarten ausdifferenziert. Schließlich wird die Komplexitätsstufe (Schwierigkeitsstufe) angegeben, welche angibt, bei welcher Alters- bzw. Könnensstufe die Aufgaben einzusetzen sind.

4.3 Aufgabensammlung

4.3.1 Kurven wechseln

1	Ein Ski – Ein Kurzski		I–II
Technische Basics	**Zeitliche Einordnung**		**Materialien**
Kurven wechseln Drehungen koordinieren	Winter		Kurzski Ski

Aufgabenstellung:

Es soll an einem Fuß mit Ski und an dem anderen Fuß mit Kurzski gefahren werden. Die Unterschiede, die sich durch die verschiedenen Skilängen ergeben, sollen durch den Kontrast spürbar gemacht werden.

Übungsbeispiele:

1. Zunächst ein paar Abfahrten nur mit Kurzski fahren, um sich mit dem unterschiedlichen Fahrverhalten vertraut zu machen.
2. Die ersten Abfahrten mit vertauschten Ski sollten langsam durchgeführt werden, da der Kontrast sehr groß ist. Unbedingt die Seiten tauschen.
3. Versuchen wechselseitig unterschiedliche Radien zu fahren.

Variationen:

- Spielen mit den Radien und Winkeln.
- Gelände variieren: von flach bis steil, Buckelpiste, harte und eisige Pisten usw.
- Fahren in verschiedenen Positionen: Schussfahren, Vor- und Rücklage.
- Mit und ohne Stöcke.

Hinweise:

- Die unterschiedliche Drehfreudigkeit der beiden Skiarten soll spürbar werden.
- Es soll deutlich werden, dass bei einem längeren Ski die Aktionen, wie Vertikalbewegung und die verschiedenen Drehmöglichkeiten, in einem größeren Umfang und mit höherer Intensität durchgeführt werden müssen, um auf das gleiche Ergebnis wie bei einem Kurzski zu kommen.
- Unterschiede wie Laufruhe und Kantengriff sollen erkannt werden.

2 Vertikalbewegung zum Kurven wechseln — II–III

Technische Basics	Zeitliche Einordnung	Materialien
Kurven wechseln Körperposition regulieren Drehungen koordinieren	Winter Sommer	Ski Inline-Skates Snowboard Skateboard

Aufgabenstellung:

Um ein schnelles Umkanten zu ermöglichen wird über eine Vertikalbewegung Druck von der belasteten Kante genommen. Diese Vertikalbewegung nimmt nur dann Druck von der Kante wenn sie dynamisch in Sprung-, Knie- und Hüftgelenk ausgeführt wird. Man kann entweder dynamisch hochgehen, die angesprochenen Gelenke also strecken, oder dynamisch tief gehen (in sich zusammen sacken), also die Gelenke beugen. Daraus ergeben sich zeitlich unterschiedliche Druckbedingungen:

- Am Ende der Hochbewegung ist der Druck am geringsten.
- Am Anfang der Tiefbewegung ist der Druck am geringsten.

Dies kann sich der Wintersportler zu nutze machen, da eine nicht belastete Kante leichter dreht, bzw. überhaupt erst drehen kann.

Übungsbeispiele:

1. Die unterschiedlichen Möglichkeiten der Vertikalbewegung sollen im Stand getestet werden.
2. Spielen mit der Dynamik, um festzustellen, dass bei hohen Intensitäten ein leichterer Kantwechsel möglich ist.
3. Spielen mit dem Bewegungsumfang von kleinen bis großen Gelenkwinkelveränderungen: Tiefe Hocke bis durchgestreckte Beine.
4. Die unterschiedlichen Möglichkeiten sollen ausgehend von einer bewegungsbereiten Position zur Einleitung einer Kurve genutzt werden. Nach dem Umkanten wird in die bewegungsbereite Position zurückgekehrt. Auch hier soll mit Dynamik und Umfang der Bewegung gespielt werden.

Variationen:

- Die verschiedenen Möglichkeiten sollen auch in Kontrastübungen gefahren werden.
- Die Aufgaben können in unterschiedlichem Gelände, Schneeverhältnissen, Radien und Winkeln gefahren werden.

Hinweise:

- Die Schüler sollen erspüren wie sich eine dynamische Vertikalbewegung positiv auf einen schnellen Kurvenwechsel auswirkt.
- Zur Verbesserung des Kurvenwechselns gehört neben dem Verändern des Kantdrucks auch die Veränderung der Körperposition (vor-zurück und links-rechts).

3 Beinorientiertes Kanten — II

Technische Basics	Zeitliche Einordnung	Materialien
Kurven wechseln Kurven steuern	Winter Sommer	Ski Inline-Skates Snowboard Skateboard

Aufgabenstellung:

Um einen schnellen Kantwechsel zu ermöglichen muss man in der Lage sein, den Druck von der Kante zu nehmen. Über das Fahren mit Kniespiel wird sowohl das Umkanten, also das Kurven wechseln, die Körperposition, aber auch das Kurven steuern geschult. Daher kann hier sehr gut in Kontrastaufgabenstellungen mit dem ganzkörperorientierten Kanten aus Aufgabe 8 kombiniert werden.

Beinorientiertes Umkanten, das sogenannte Kniespiel, ermöglicht durch die aktive Beinarbeit, welche einen kurzen Hebel zum Wintersportgerät bedeutet, einen schnellen Kantwechsel, wobei der Oberkörper möglichst gerade und in Richtung Falllinie ausgerichtet bleibt. Das Umkanten des Wintersportgeräts erfolgt durch eine seitliche Kippbewegung der Unterschenkel (Ski) bzw. ein Kippen der Sprunggelenke vor-zurück (Snowboard).

Übungsbeispiele:

1. Mit Hilfestellung eines Partners sollen im Stand beinorientierte Kantwinkel ausprobiert werden. Der Oberkörper bleibt dabei aufrecht und zentral.
2. Ski: In flachem Gelände nahe der Falllinie fahren, ein Ski läuft auf dem Belag, der andere soll abwechselnd auf die Innen- und Außenkante gestellt werden, wobei die Hauptbelastung auf dem plan aufgestellten Ski bleibt. Beidseitig üben.
3. Ski: „Eieruhrfahren": Abwechslend in X- und O-Beinstellung in der Falllinie fahren. Es werden gleichzeitig beide Innenkanten und danach beide Außenkanten belastet.
4. In flachem Gelände in der Falllinie in bewegungsbereiter Position allein über das beinorientierte Kanten das Schneesportgerät unter dem Körper hin und her durchbringen.
5. Eine Kurve über beinorientiertes und die andere Kurve über ganzkörperorientiertes Umkanten fahren. Es is wichtig, die Seiten anschließend zu wechseln.

Variationen:

- Viele Übungen für Skifahrer können im Kontrast mit geschlossener und verschieden offener Skistellung gefahren werden.
- Gefällevariationen sind möglich, um die Schwierigkeit zu verändern.
- Es können verschiedene Körperpositionen eingenommen werden.

Hinweise:

- Für diese Übungen ist ein plan gewalzter Hang ideal.
- Bei den beinorientierten Übungen soll der Oberkörper keine Kurvenlage einnehmen, sondern möglichst ruhig gehalten werden.
- Für Skifahrer ist eine offene Skistellung anzustreben, bei der die Beine einen ausreichenden Bewegungsspielraum haben.
- Einige Kant- und Umkantvorgänge können auch sehr gut mit Inline-Skates und auf dem Skateboard trainiert werden.

Technische Basics im Schneesport

4	Verbesserter Kurvenwechsel auf dem Ski		II–III
Technische Basics	**Zeitliche Einordnung**		**Materialien**
Kurven wechseln Drehungen koordinieren	Winter Sommer		Ski Inline-Skates

Aufgabenstellung:

Zum Einleiten eines Kurvenwechsels bewegt sich der Wintersportler vor-talwärts. Durch die Vorwärtsbewegung wird der hintere Teil seines Schneesportgeräts entlastet und somit zum Drehen freigegeben. Die Talwärtsbewegung gibt den Impuls wohin die Ski/das Snowboard drehen soll. Durch diese Bewegungen wird ein Umkanten von der alten auf die neue Bergkante möglich. Je schneller dieser Umkantvorgang abgeschlossen ist, desto schneller kann man wieder Druck auf die Kante bringen, um die Kurve sauber auszusteuern.

Die folgenden Übungen zielen speziell auf einen verbesserten Kurvenwechsel auf den Skiern hin.

Übungsbeispiele:

1. Bergstemme: Zur Einleitung wird der bergseitige Ski seit-aufwärts ausgestemmt und dabei direkt auf die Innenkante des Außenskis gestellt. Es kommt zu einer deutlichen Druckzunahme auf die Innenkante des neuen kurvenäußeren Skis und der Körper bewegt sich leicht vor-talwärts. Das ganze wird durch einen rhythmischen Stockeinsatz begleitet.
2. Mit beiden Skiern von der alten auf die neue Kante springen, d.h. den Umkantvorgang springend in der Luft vollziehen. Anfangs kann auch nur das Skiende angelupft werden.
3. Kurz und dynamisch von Außenski zu Außenski springen. Anfangs in leichtem Gefälle üben.
4. Das Gewicht liegt auf dem Innenski und der Außenski wird angehoben. Der Außenski bleibt in der Luft bis die Falllinie überfahren ist und wird dann erst abgesetzt. Im Anschluss wird das Gewicht verlagert.
5. Versuchen ausschließlich über das Reindrücken des großen Zehs des neuen Außenskis in die neue Kurve zu fahren.
6. Wettkampfform „Wer schafft die meisten Kurven?": Auf einem definierten Pistenabschnitt so viele Kurzschwünge wie möglich aneinander reihen.

Variationen:

- Bei der Bergstemme versuchen erst den vorderen Teil des Skis abzusetzen. Dadurch wird eine aktive Körperschwerpunktverlagerung nach vorne gefördert.
- Radien-, Tempo- und Geländewahl dem Können entsprechend anpassen und variieren. Ein gewisses Grundtempo ist aber Voraussetzung.
- Mit dem Umfang und der Intensität spielen.
- Mit und ohne Stöcke üben lassen.

Hinweise:

- Die Bewegungen aus den Beinen müssen deutlich initiiert werden, sonst wird der Kantwechsel länger dauern.
- Ein Vorteil der Bergstemme ist, dass man kleine Kurvenwinkel fahren kann, und zusätzlich wird das Zusammenspiel zwischen Körperposition regulieren und Drehungen koordinieren mitgeschult.

5 | Verbesserter Kurvenwechsel auf dem Snowboard | II–III

Technische Basics	Zeitliche Einordnung	Materialien
Kurven wechseln	Winter Sommer	Snowboard Skateboard

Aufgabenstellung:

Die Bewegungen zum schnellen und somit verbesserten Kurvenwechsel werden aufgrund des kürzeren Hebels aus den Beinen initiiert. Dabei gilt: je näher am Board die Bewegung statt findet, desto direkter ist die Kraftübertragung. Dadurch kann die Umkantphase zeitlich stark verkürzt werden.

Übungsbeispiele:

1. Mit der vorderen Hand das vordere Knie zur Kurveneinleitung vor-talwärts drücken.
2. Zum Kurvenwechsel das Gewicht extrem weit auf das vordere Bein bringen, so dass das hintere Bein fast gestreckt ist und erst danach die Rotation aus den Beinen einleiten.
3. Von der alten auf die neue Kante springen, d.h. den Umkantvorgang springend in der Luft vollziehen.
4. Independant Foot Steering: Zum Kurvenwechsel werden die Füße unabhängig voneinander bewegt. Am Beispiel einer Frontsidekurve wird zuerst das vordere Sprunggelenk gestreckt und somit Druck im vorderen Bereich des Boards aufgebaut. Dadurch wird das Umkanten eingeleitet. Greift der vordere Teil der neuen Kante, wird das hintere Sprunggelenk ebenfalls gestreckt und somit der Druck auf die gesamte Länge der Kante verteilt.

Variationen:

- Alle Übungen auch switch fahren.
- Mit unterschiedlicher Intensität üben.
- Mit den Radien und Winkeln spielen.

Hinweise:

- Teile der Aufgabenstellung können auch im Sommer auf dem Skateboard geübt werden.

Technische Basics im Schneesport

4.3.2 Kurven steuern

6	Den Berg hinauf mit Skiern		I
Technische Basics	**Zeitliche Einordnung**		**Materialien**
Kurven steuern	Winter Sommer		Ski Inline-Skates

Aufgabenstellung:

Im Anfängerbereich wird zu Beginn noch kein Lift benutzt, um den Berg wieder hinauf zu kommen. Daher ist es in der Anfängerschulung unerlässlich, über das Aufsteigen wieder den Berg hoch zu kommen. Aber auch für Fortgeschrittene gibt es zwei Möglichkeiten die Piste hinaufzulaufen und ein effektives Einsetzen der Kanten zu schulen: den Grätenschritt und den Treppenschritt. Das Aufkanten wird dabei durch Winkelveränderungen im Sprung-, Knie- und Hüftgelenk reguliert.

Übungsbeispiele:

1. „Sterntreten": In der Ebene mit den Skienden zur Mitte oder nach außen zeigend einen Stern links- und rechtsrum treten. Das Ganze durch Zusatzaufgaben, wie bspw. nur auf der linken Skikante treten, erschweren.
2. Partnerübung „Kutscherspiel in der Ebene": Ein Schüler steht als Kutscher hinter seinem Partner und hält die Stöcke des Partners. Der Vordermann, also das Pferd, versucht seinen Kutscher durch Schlittschuhschritte in der Ebene zu ziehen.
3. Über am Hang parallel ausgelegte Zauberschnüre steigen. Dabei die Abstände zwischen den Schnüren variieren. Mit beiden Beinen als Tal- bzw. Bergski üben.

Variationen:

- Steilheit des Geländes variieren.
- Schrittgrößen variieren.
- Synchrones und rhythmisches Aufsteigen.
- Wettkampfform: Wer kommt ein vorgegebenes Stück am schnellsten hoch?

Hinweise:

- Im flachen Gelände bietet sich der Grätenschritt an. Wird das Gelände steiler, fällt es leichter mit dem Treppenschritt aufzusteigen.
- Der Oberkörper wird möglichst ruhig gehalten.
- Je härter der Schnee und je steiler die Piste, desto kräftiger müssen die Kanten in den Schnee gesetzt werden.
- Die richtige Ausführung lässt sich anhand der Spuren im Schnee kontrollieren.
- Es soll nur an wenig befahrenen Stellen und nur am Pistenrand aufgestiegen werden.

7	Vertikalbewegung zum Kurven steuern		II–III
Technische Basics	**Zeitliche Einordnung**	**Materialien**	
Kurven steuern Körperposition regulieren	Winter Sommer	Ski Inline-Skates Snowboard Skateboard	

Aufgabenstellung:

Das Kurvensteuern wird in großem Maße über den Kantendruck bestimmt. Neben dem Aufkantwinkel, der über das Zusammenspiel von Sprung-, Knie- und Hüftgelenk in Kombination mit der Einnahme der Kurvenlage bestimmt wird, hilft eine dosierte Vertikalbewegung durch den dadurch entstehenden Bewegungsfluss den Druck zu regulieren. Somit werden statische Positionen, sogenannte Plateaus, vermieden, die einen Druckverlust zur Folge hätten. Man kann dabei in der Steuerphase abhängig von dem gewählten Technikprinzip entweder dosiert tiefgehen (Kurven fahren mit Beugen der Beine) oder hochgehen (Kurven fahren mit Strecken der Beine).

Die Vertikalbewegung zum Steuern sollte dosiert und gleichmäßig über den gesamten Verlauf der Kurvensteuerung erfolgen. Somit kann sicher auf der Kante gefahren werden und ein erneuter Kurvenwechsel wird sauber vorbereitet.

Übungsbeispiele:

1. Die unterschiedlichen Möglichkeiten der Vertikalbewegung sollen im Stand getestet werden.
2. Spielen mit der Dynamik, um festzustellen, dass bei hohen Intensitäten ein kleiner Kurvenradius und bei geringen Intensitäten ein großer Kurvenradius die Folge ist.
3. Spielen mit dem Bewegungsumfang von kleinen bis großen Gelenkwinkelveränderungen: tiefe Hocke bis durchgestreckte Beine.
4. In der Kurvensteuerung über ein lautes Mitzählen bis 4 das dosierte Tief- bzw. Hochgehen kontrollieren.
5. In der Steuerphase über ein kontrolliertes Ausatmen das dosierte Tief- bzw. Hochgehen kontrollieren.
6. Partnerübung: Der Hintermann gibt durch laute Ansage die Dauer der Vertikalbewegung vor: „tief-tief-tief-tief und Kurvenwechsel – tief-tief-tief...". Auch hier soll mit Dynamik und Umfang der Bewegung gespielt werden.

Variationen:

- Die verschiedenen Möglichkeiten in Kontrastübungen fahren.
- Die Aufgaben können in unterschiedlichem Gelände, Schneeverhältnissen, Radien und Winkeln gefahren werden.

Hinweise:

- Die Schüler sollen erspüren wie sich eine dosierte Vertikalbewegung positiv auf die Kurvensteuerung auswirkt.
- Es sollen statische Endpositionen und Bewegungsplateaus vermieden werden.

8 | Ganzkörperorientiertes Kanten — II–III

Technische Basics	Zeitliche Einordnung	Materialien
Kurven steuern Kurven wechseln	Winter Sommer	Ski Inline-Skates Snowboard Skateboard

Aufgabenstellung:

Um das Kurvensteuern zu verbessern, also eine Kurve durch Druck auf der Kante so eng wie möglich geschnitten zu fahren, ist einerseits das Kanten (Regulierung des Aufkantwinkels) und andererseits das Einnehmen einer Kurvenlage unabdingbar.

Über das Fahren mit Ganzkörperkippen wird sowohl das Kurvenaussteuern, die Körperposition, aber auch das Umkanten, also das Kurvenwechseln geschult. Daher kann hier sehr gut in Kontrastaufgabenstellungen mit dem beinorientierten Kanten aus Aufgabe 3 kombiniert werden.

Ganzkörperorientiertes Umkanten, das sogenannte Ganzkörperkippen, ermöglicht das Kennenlernen des Sich-in-die-Kurve-legens. Der gesamte Körper wird in einer bewegungsbereiten Position angespannt und nur über Lage rechts-links (Ski) bzw. Frontside-Backside (Snowboard) bewegt, was das jeweilige Sportgerät auf die Kante bringt.

Übungsbeispiele:

1. Im Stand sollen mit Hilfestellung eines Partners ganzkörperorientierte Kantwinkel ausprobiert werden. Der Rumpf muss dafür unter Spannung gebracht werden, so dass der gesamte Körper wie ein steifes Brett zur Frontside oder Backside (Snowboard) bzw. rechts-links (Ski) kippen kann.
2. Kurve bergwärts, die durch ganzkörperorientierte Lage zum Hang hin auf der Kante gefahren wird. Zu beiden Seiten üben.
3. In flachem Gelände in bewegungsbereiter Position wie ein steifes Brett allein über das Ganzkörperkippen Umkanten und durch die Kurven fahren.
4. Immer mehr mit der Kurvenlage spielen. Dazu wird auch mehr Geschwindigkeit benötigt.
5. Snowtouch-Carven: Starke Kurvenlage einnehmen und mit der Kurveninnenhand (Ski) bzw. bei einer Frontside-Kurve mit der hinteren und bei einer Backside-Kurve mit der vorderen Hand (Snowboard) den Schnee berühren.

Variationen:

- Viele Übungen für Skifahrer können im Kontrast mit geschlossener und verschieden offener Skistellung gefahren werden.
- Gefällevariationen sind möglich um die Schwierigkeit zu verändern.
- Es können verschiedene Körperpositionen eingenommen werden.

Hinweise:

- Für die Übungen ist ein plan gewalzter Hang ideal.
- Vorsicht, da man mittlere bis große Radien fährt und so viel Platz auf der Piste vereinnahmt.
- Für Skifahrer ist eine offene Skistellung anzustreben, bei der die Beine einen ausreichenden Bewegungsspielraum haben.
- Einige Kant- und Umkantvorgänge können auch sehr gut mit Inline-Skates und auf dem Skateboard trainiert werden.

Technische Basics im Schneesport

9	Kanten erspüren auf Skiern		I–II
Technische Basics	**Zeitliche Einordnung**	**Materialien**	
Kurven steuern	Winter Sommer	Ski Inline-Skates Snowboard Skateboard	

Aufgabenstellung:

Um für die Kurvensteuerung Druck auf die Kanten zu bekommen, ist es hilfreich, erst bewusst zu erspüren, wie man die Kanten richtig und zielgerichtet einsetzen kann.

 Übungsbeispiele:

1. Im Pflug abwechselnd oder auch gleichzeitig die Knie nach innen drücken, um verschiedene Kantwinkel zu erzeugen.
2. Im Pflug den Druck auf den Außenski bringen und den Druck an der Fußinnenseite erspüren.

158

3. Während der Pflugkurve das kurvenäußere Knie zur Mitte hindrücken um den Außenski stärker aufzukanten.
4. Während der Pflugkurve den Außenski mehrmals bewusst verstärkt aufkanten.
5. Während der Schrägfahrt mehrmals die Knie bergwärts drücken und so die Ski stärker aufkanten.
6. Während der Schrägfahrt mehrmals allein durch hochziehen der Fußaußenseite (Talski) und der Fußinnenseite (Bergski) die Ski stärker aufkanten.
7. Während der Schrägfahrt mehrmals von den Kanten abspringen und so weich wie möglich wieder auf den Kanten landen. Der Oberkörper soll dabei so ruhig wie möglich gehalten werden.
8. Partnerübung „Kutscherspiel am Hang": Ein Schüler steht als Kutscher quer zum Hang in der Seitrutschposition. Der Partner steht als Pferd unterhalb mit Blick ins Tal und hält die Stöcke des Partners. Der seitlich stehende Schüler kontrolliert über dosiertes Auf- und Abkanten die Geschwindigkeit seiner Kutsche. Das Pferd kann durch Schlittschuhschritte auch bewusst seine Kanten einsetzen, um es dem Kutscher noch schwerer zu machen. Schwieriger für den unten Stehenden wird es wenn er Switch fährt, also seinen Kutscher anschaut.

Variationen:

- Viele der Übungen können auch auf nur einem Ski durchgeführt werden. Dadurch wird der Anspruch an das Gleichgewicht erhöht.
- Kontrastaufgaben zwischen Pflug und paralleler Skistellung bieten sich an.
- Die Aufgaben können in unterschiedlich steilem Gelände und mit wechselndem Tempo gefahren werden.
- Dynamik und Umfang des Aufkantens variieren.

Hinweise:

- Es können auch Ideen aus Aufgabe 10 auf das Skifahren angewandt werden.

10 | Kantgefühl beim Snowboarden | II–III

Technische Basics	Zeitliche Einordnung	Materialien
Kurven steuern	Winter	Snowboard
Körperposition regulieren	Sommer	Skateboard

Aufgabenstellung:

Druck auf die Kante zu bringen ist Voraussetzung für sicheres und kontrolliertes Kurven steuern. Weiche Winkelveränderungen im Sprung-, Knie- und Hüftgelenk sind wichtig, um ein Gefühl für den Kantendruck zu entwickeln.

Das Aufkanten auf der Frontsidekante erreicht man durch Streckung des Sprunggelenks und drücken der Knie zum Berg, so dass der Vorderfuß mehr Belastung erfährt. Zum Aufkanten auf der Backsidekante dagegen muss das Sprunggelenk gebeugt werden (Zehen nach oben ziehen) und der Hintern wird zur Kurvenmitte hin verschoben, so dass die Ferse belastet wird. Durch Anpassung des Körpers in die sogenannte Kurvenlage lässt sich der Aufkantwinkel zusätzlich variieren und das Snowboard im Schnee verankern.

Übungsbeispiele:

1. Im Stand mit Hilfestellung aus einer bewegungsbereiten Position verschiedene Aufkantmöglichkeiten ausprobieren. Wichtig ist es, sich zu trauen gegen den stabil stehenden Partner zu lehnen, bzw. auf der Backsidekante mit gestreckten Armen in die sogenannte Liegestuhlposition rein zu hängen.
2. Im Stand ohne Hilfestellung verschiedene Aufkantmöglichkeiten ausprobieren und sich an seine Gleichgewichtsgrenzen trauen.
3. Seitrutschen und auf ein akustisches oder visuelles Signal hin abrupt stoppen, ohne anschließend umzukippen.
4. Partnerübung „Pull me": Ein Schüler steht in Seitrutschposition und hält die hintere Hand des vor ihm in der Falllinie stehenden Schülers. Durch Auf- und Abkanten kontrolliert der Hintermann die Geschwindigkeit des Paares.
5. Während der Schrägfahrt mehrmals bewusst aufkanten. Frontside: Sprunggelenke strecken und Knie zum Hang drücken. Backside: Sprunggelenke beugen und Gesäß zum Hang hin verschieben.
6. Während der Schrägfahrt mehrmals von der Kante abspringen und wieder auf der Kante landen. Den Oberkörper dabei so ruhig halten wie möglich.
7. Im Verlauf der Kurvensteuerung mehrmals bewusst deutlich aufkanten.

Variationen:

- Die Aufgaben können in unterschiedlich steilem Gelände gefahren werden.
- Radien- und Tempovariationen möglich.
- Dynamik und Umfang des Aufkantens kann variieren.

Hinweise:

- Einige Gelenkwinkelveränderungen lassen sich auch auf dem Skateboard üben.
- Es können auch Ideen aus Aufgabe 9 auf das Snowboarden angewandt werden.

4.3.3 Körperposition regulieren

11	Fahren mit offenen Schuhen (Ski) bzw. mit gelockerter Bindung (Snowboard)		III
Technische Basics	**Zeitliche Einordnung**		**Materialien**
Körperposition regulieren	Winter		Ski Snowboard

Aufgabenstellung:

Bei den Fahrten mit den unterschiedlichen Schneesportgeräten werden die Schuhe (Ski) geöffnet bzw. die Bindung gelockert (Snowboard). Das Schwimmen in den sonst so guten Halt gebenden Schuhen / Bindungen provoziert eine höhere Konzentration auf eine exakte Bewegungsausführung. Besondere Sensibilisierung erfahren das Um- und Aufkanten. Die Aufgabe schult aber zusätzlich auch sehr gut eine saubere Position zentral über dem Ski / Snowboard.

Übungsbeispiele:

1. Fahren in bewegungsbereiter Position um ein Gefühl für die neue Situation zu bekommen.
2. Mit Hochentlastung und Tiefentlastung zum Kurvenwechsel fahren.
3. In der Steuerphase versuchen trotz lockerer Verbindung zum Sportgerät bewusst aufzukanten.

Variationen:

- Die Übungen auch Switch fahren lassen.
- Schwierigkeit variieren: lockerer bis offener Schuh.
- Bewegungsaufgaben in Umfang und Dynamik steigern.
- Aufgabenstellung auf verschiedene Techniken und Übungen anwenden.

Hinweise:

- Die Genauigkeit, in der die eigenen Bewegungen durchgeführt werden, soll verbessert werden.
- Es soll möglichst im langsamen bis mittleren Geschwindigkeitsbereich geübt werden.

Technische Basics im Schneesport

12	David und Goliath		I–II
Technische Basics	**Zeitliche Einordnung**		**Materialien**
Körperposition regulieren Gleiten dosieren	Winter Sommer		Ski Inline-Skates Snowboard Skateboard

Aufgabenstellung:

Es sollen Winkelveränderungen in Sprung-, Knie- und Hüftgelenk durchgeführt werden, bei denen Endpositionen erreicht werden können. Diese Veränderungen werden anfangs im Stand, später während dem Kurvenfahren, geübt.

Übungsbeispiele:

1. Im Stand werden die zwei Endpositionen eingenommen: ganz tief (Gelenke bestmöglich gebeugt) und ganz groß (Gelenke vollends gestreckt).
2. Im Stand die möglichen Streckungen in den drei Gelenken differenziert ausprobieren und darauf hinweisen, dass die übliche Reihenfolge vom Sprung- über das Knie- zum Hüftgelenk abläuft.
3. Im Stand den Kontrast zwischen langsamen bis zu explosiven Winkelveränderungen üben.
4. Kurven nur in ganz tiefer oder in ganz gestreckter Position fahren.
5. Kurven mit Wechsel der Winkelstellungen fahren: rhythmisches Beugen und Strecken.

Variationen:

- Alle Winkelveränderungen können mit unterschiedlicher Dynamik durchgeführt werden.
- Alle Übungen können mit unterschiedlichen Skistellungen, Fahrgeschwindigkeiten und Technikformen in unterschiedlichstem Gelände gefahren werden.
- Auf dem Snowboard auch Switch üben lassen.

Hinweise:

- Bei Problemen das Sprunggelenk richtig zu beugen, kann der Hinweis gegeben werden, dass man die Schienbeine an den Schuhschaft drücken soll.
- Über die Probleme der Endpositionen informieren: in Endpositionen hat man keine Bewegungsbereitschaft in alle Richtungen mehr und kann so nicht mehr in jeder Situation variabel verfügbar sein.
- Diese Übungen können auch im Sommer auf leicht abfallendem Gelände mit den Inline-Skates und dem Skateboard gefahren werden.

13 | Vespa und Harley | I–II

Technische Basics	Zeitliche Einordnung	Materialien
Körperposition regulieren	Sommer Winter	Ski Inline-Skates Snowboard Skateboard

Aufgabenstellung:

Im Stand und während dem Kurvenfahren werden verschiedene Aufgaben gestellt, bei denen es darauf ankommt unterschiedliche Körperposition einzunehmen und zu variieren. Um die Übungen deutlicher und motivierender zu gestalten, empfiehlt es sich mit Bewegungsbildern zu arbeiten und auch die Geräusche des jeweiligen Zweirads zu imitieren.

Übungsbeispiele:

1. Fahren wie auf einer Vespa: viel Vorlage.
2. Fahren wie auf einer Harley Davidson: viel Rücklage.
3. Fahren wie ein Schaukelpferd: im Wechsel vor und zurück.
4. Fahren wie der schiefe Turm von Pisa: den gestreckten Körper nach links oder rechts legen.
5. Fahren wie ein Pendel: abwechselnd nach links und rechts bewegen.

Variationen:

- Anfangs können die unterschiedlichen Positionen auch im Stand geübt werden, um die ersten Bewegungserfahrungen zu sammeln.
- Wettkampfform: Wer kann sich am weitesten nach vorne legen?
- Geländeformen, Fahrtechniken, Schneeverhältnisse usw. können variieren.

Hinweise:

- Zusätzlich zu den vielseitigen Bewegungserfahrungen sollen auch Vor- und Nachteile der verschiedenen Körperpositionen deutlich werden.
- Während einer Schussfahrt in einem flachen Gelände lassen sich die Übungen anfangs leichter fahren.
- Diese Übungen können auch im Sommer auf leicht abfallendem Gelände mit den Inline-Skates und dem Skateboard gefahren werden.

Technische Basics im Schneesport

14 | Kurvenfahren mit Zusatzaufgaben | I–II

Technische Basics	Zeitliche Einordnung	Materialien
Körperposition regulieren	Winter	Ski Snowboard

Aufgabenstellung:

Während dem Kurvenfahren werden verschiedene Zusatzaufgaben, die sich auf Gelenkwinkelveränderungen beziehen, gestellt. Es soll für den Fahrer deutlich werden, was die Variationen entlang der Körperlängsachse für Folgen auf das Fahrverhalten der Sportgeräte hat.

Übungsbeispiele:

1. Ruhiges Aufrichten und Beugen während dem ganzen Kurvenverlauf.
2. Die Vertikalbewegung in ihrer Dynamik verändern, bis hin zum explosiven Aufrichten und die Auswirkungen feststellen: schnellere Dynamik – stärkere Belastung und höhere Bremswirkung.
3. Die Vertikalbewegung in ihrem Umfang verändern: von kleinen Abweichungen der bewegungsbereiten Position bis zu den Endpositionen.
4. Veränderung der Vertikalbewegung unter verschiedenen zeitlichen Gesichtspunkten: zum Kurvenwechsel strecken und zur Kurvensteuerung tief gehen und umgekehrt.

Variationen:

- Bei allen Fahrten können Veränderungen der Skistellungen durchgeführt werden.
- Es kann ohne Stöcke gefahren werden und die Vertikalbewegung durch die Arme unterstützt werden.
- Für Snowboarder ist ein Switch üben dieser Aufgabenstellung sehr wirkungsvoll.

Hinweise:

- Die unterschiedlichen Aufgabenstellungen können in Kontrastfahrten geschult werden, da im Anfängerstadium kleine Unterschiede kaum spürbar sind.
- Die Folgen der unterschiedlichen Vertikalbewegung, die sich neben der Veränderung der Körperposition auch auf die Belastung und die Drehfreudigkeit des Sportgeräts auswirken können, sollen für den Fahrer verständlich werden.

15 | Verschiedene Armhaltungen | I–II

Technische Basics	Zeitliche Einordnung	Materialien
Körperposition regulieren	Winter Sommer	Ski Inline-Skates Snowboard Skateboard

Aufgabenstellung:

Über unterschiedliche Armhaltungen kann man sehr gut die Körperposition beeinflussen. Werden die Arme bspw. weit vor den Körper gehalten folgt daraus mehr Belastung auf den Fußballen, was beim Ski zu Vorlage und beim Snowboard zu vermehrtem Kanten Frontside führt. Fallen die Arme hinter den Körper, hat dies mehr Rücklage bzw. vermehrtes Kanten Backside zur Folge.

Übungsbeispiele:

1. Die Arme vor dem Körper halten, indem man:
   - die Fäuste ballt und mit ausgestreckten Armen vor dem Körper fährt.
   - die Fäuste ballt und mit seitlich ausgestreckten Armen fährt.
   - die Arme vor der Brust verschränkt.
2. Die Stöcke auf Brusthöhe quer zur Fahrtrichtung vor dem Körper halten.
3. „Mit Kleiderbügel in der Jacke fahren": Ellbogen am Oberkörper nach oben ziehen um Spannung auf den Rumpf zu bekommen.
4. „Mit Handschellen fahren": die Arme hinter dem Körper verschränken.
5. Die Stöcke hinter dem Rücken verschränken.
6. Beide Arme auf einer Seite halten. Beidseitig ausführen.
7. Während dem Kurvenfahren die Arme hin und her pendeln lassen.
8. Die Stöcke in der Mitte fassen und neben sich halten.

Variationen:

- Die Stöcke können unterschiedlich gehalten werden: am Griff, in der Mitte, längs, quer usw.
- Kurventechnik, Tempo, Gelände, Radien und Winkel können variieren.
- Die Bewegungen können in Dynamik und Umfang variieren.

Hinweise:

- Die Übungen können teilweise mit und ohne Stöcke gefahren werden.

4.3.4 Drehungen koordinieren

16	Drehen mit allem, was man hat		I
Technische Basics	**Zeitliche Einordnung**	**Materialien**	
Drehungen koordinieren	Winter Sommer	Ski Inline-Skates Snowboard Skateboard	

Aufgabenstellung:

Drehungen, die Richtungsänderungen bewirken sollen, können durch verschiedene Körperpartien eingeleitet werden. Die folgenden Übungsbeispiele sollen einen Einblick geben, wie Drehungen durchgeführt werden können. Diese Beispiele sind nicht auf eine bestimmte Sportart bezogen und können auf verschiedene Schneesportarten übertragen werden.

Übungsbeispiele:

1. „Der Boxer-Schwung": Bei einer Frontsidekurve wird der vordere und bei einer Backsidekurve der hintere Arm (Snowboard) bzw. der Außenarm (Ski) wird aus der Deckung genommen und schlägt schnell in Richtung Kurvenmittelpunkt. Ist der Richtungswechsel eingeleitet, Arm wieder in die Deckung zurücknehmen.
2. Allein durch eine Rotation des Kopfes die Drehung einleiten. Eher im flachen Gelände probieren, da die Kraftübertragung sehr lange dauert.
3. Drehung durch Rotation in der Hüfte zum Kurvenmittelpunkt einleiten.

4. Drehung durch Rotation in den Knien zum Kurvenmittelpunkt einleiten.
5. Drehung durch Rotation in den Sprunggelenken zum Kurvenmittelpunkt einleiten.
6. „Impulsübertragung": Durch das Abbremsen einer dynamische Vorrotation aus dem Oberkörper wird mittels Impulsübertragung auf das Snowboard die Rotation eingeleitet

Variationen:
- Mit Richtung, Umfang und Intensität der Rotationsbewegungen spielen.
- Verschiedene Körperteile können zeitgleich für eine Drehung eingesetzt werden.

Hinweise:
- Die unterschiedlichen Drehmechanismen können zunächst auch im Stand geübt werden.

Technische Basics im Schneesport

17	Spin it		II–III
Technische Basics	**Zeitliche Einordnung**		**Materialien**
Drehungen koordinieren	Winter		Ski Snowboard

Aufgabenstellung:

Über einfache, dem Pistenfreestyle zugeordnete Übungen kann die Orientierung und die Koordination unterschiedlicher Rotationsrichtungen geschult werden.

Übungsbeispiele:

1. Beim Forward to Switch soll über eine halbe Drehung vom Vorwärtsfahren ins Rückwärtsfahren gedreht werden. Wichtig dabei ist die Kopfsteuerung und dass zu beiden Seiten geübt wird.

2. „Walzern": Über eine normale Kurveneinleitung vor-talwärts wird die Rotation eingeleitet, beibehalten und nicht wie üblich wieder aufgelöst. Die Bewegung ist kopfgesteuert und führt bei zu langer Durchführung zum Drehwurm. Da ein permanenter Kantwechsel stattfindet, muss man sehr dosiert mit den Kanten spielen.

3. Snowboard: Frontside to Frontside Drehungen bzw. Backside to Backside Drehungen sind Überrotationen der normal eingeleiteten Kurven, so dass man dauerhaft ausschließlich auf der Frontsidekante bzw. der Backsidekante fährt. Dabei wechselt permanent der Fahrsinn zwischen forward und switch.

Variationen:

- Wettkampfform: Wer schafft auf einem definierten Pistenabschnitt die meisten Walzerdrehungen?
- Die Walzerdrehung kann auch partnerweise mit Armfassung probiert werden.
- Mit Richtung, Umfang und Intensität der Rotationsbewegungen spielen.
- Ein Front to Front, bzw. Back to Back kann gewalzert, gerolled, geslidet oder auch gesprungen werden.

Hinweise:

- Die unterschiedlichen Drehmechanismen können zunächst auch im Stand geübt werden.
- Anfänglich bietet sich ein planes nicht zu steiles Gelände für die Übungen an.
- Wichtig beim Front to Front bzw. Back to Back ist, dass das Tail des Snowboards immer über den Berg rotiert.

18 | Vorausdrehen beim Skifahren | I–II

Technische Basics	Zeitliche Einordnung	Materialien
Drehungen koordinieren Kurven wechseln	Winter Sommer	Ski Inline-Skates

Aufgabenstellung:

Beim Kurvenfahren soll es normalerweise zu keinen übermäßigen Drehungen des Rumpfes kommen. Es gibt aber durchaus gute Übungen, die über Rumpfrotationen eine saubere Drehkoordination schulen.

Übungsbeispiele:

1. Mit seitlich ausgestreckten Armen die Stöcke in der Mitte greifend wird der Oberkörper in die neue Kurve vorausgedreht. Folgt der Außenski der Richtungsänderung wird im Oberkörper eine leichte Gegenrotation eingeleitet, um die übliche taloffene Position zu erreichen und die Kurventeuerung zu stabilisieren.

2. „Motorrad fahren": Mit den Stöcken in Vorhalte parallel zum Boden wird, wie beim Motorradfahren, der Lenker in Richtung Kurvenmittelpunkt rotiert und die Beine folgen der Bewegung. Die Lenkerhaltung erhöht die Rumpfstabilität zusätzlich.

3. „Baseballschläger": Die Stöcke werden mit beiden Hände umfasst ähnlich wie ein Baseballschläger. Zur Kurveneinleitung wird ein Home run geschlagen, also die Stöcke von der kurvenäußeren Seite schwungvoll Richtung Kurvenmittelpunkt gebracht. Anschließend den Oberkörper wieder taloffen ausrichten und den Schläger wieder in Baseballmanier, zum Abschlag bereit, nach oben nehmen.
4. Die Stöcke werden als Verlängerung der ausgetreckten Arme genutzt, ähnlich den Tragflächen eines Fliegers. Die Stockenden sollen dabei keinen Bodenkontakt haben. Der kurvenäußere Flügel beginnt die Bewegung und leitet so eine Vorrotation im Oberkörper ein.

Variationen:

- Manche Übungen können auch switch probiert werden.
- Je nach Stärke der gewünschten Richtungsänderung kann Intensität und Umfang der Rotationsbewegung angepasst werden.
- Über die Steilheit des Geländes kann der Anspruch an die Bewegungsausführung gut gesteigert werden.

Hinweise:

- Das Vorausdrehen kann bspw. bei schwer drehbarem Schnee oder in sehr steilem und schwierigem Gelände ein probates Mittel sein, um die Ski zum Drehen zu bewegen.
- Je stärker und schneller das Vorausdrehen durchgeführt wird, desto leichter wird das Einleiten der Kurve und damit das Überfahren der Falllinie.

19	Vorausdrehen beim Snowboarden		I–II
Technische Basics	**Zeitliche Einordnung**		**Materialien**
Drehungen koordinieren Kurven wechseln	Winter Sommer		Snowboard Skateboard

Aufgabenstellung:

Das Kurvenfahren nach Vorausdrehen, bei dem Rumpf und Hüfte in Kurvenrichtung vorausdrehen, ist ein effektives Hilfsmittel für eine aktive Kurveneinleitung. Es hat in der Snowboardanfängermethodik eine lange Geschichte, wird heutzutage von manchen Verbänden immer noch zur Anfängerschulung herangezogen und hat großes Potential, um sich an Rotationsbewegungen heranzutasten und Drehmechanismen zu verinnerlichen.

Übungsbeispiele:

1. Im Stand die Drehbewegung des Rumpfes in Richtung Frontside und Backside üben. Wichtig ist dabei, dass der Blick der Rotation folgt, d.h. der Kopf bleibt an der vorderen Schulter.

2. „Plus-Minus": Fährt man eine Schrägfahrt ist die Schulterachse parallel zur Boardlängsachse und man steht mit ausgestreckten Armen im sogenannten Minus. Zum Kurvenwechsel rotiert der Oberkörper talwärts, so dass die ausgestreckten Arme im Verhältnis zur Boardlängsachse ein Plus darstellen.

3. „Hippie": Um die Kurve einzuleiten, wird mit der ausgestreckten vorderen Hand ein Friedenszeichen in Richtung der Kurvenmitte gezeigt. Der Rumpf dreht dabei mit.

4. „Tennis spielen": In der vorderen Hand wird ein imaginärer Tennisschläger gehalten. Bei einer Frontside-Kurve schlägt man eine Vorhand und zur Backside-Kurve wird ein Rückhandschlag gespielt.

5. „Hey, Fans!": Zum Kurvenwechsel wird mit der vorderen Hand den im Kurvenmittelpunkt stehenden Fans zugewunken. Auch hier wieder auf die Rotation des gesamten Oberkörpers achten.

Variationen:

- Alle Übungen auch switch üben lassen.
- Je nach Stärke der gewünschten Richtungsänderung kann Intensität und Umfang der Rotationsbewegung angepasst werden.
- Über die Steilheit des Geländes kann der Anspruch an die Bewegungsausführung gut gesteigert werden.

Hinweise:

- Je stärker und schneller das Vorausdrehen durchgeführt wird, desto leichter wird das Einleiten der Kurve und damit das Überfahren der Falllinie.
- Viele dieser Übungen werden meist falsch ausgeführt, da nicht darauf geachtet wird, dass der Rumpf vorrotiert, sondern es wird lediglich aus den Armen, also im Schultergelenk, gearbeitet. Dies gilt es zu vermeiden.

20 | Kurzschwünge mit verschiedenen Aufgabenstellungen | II–III

Technische Basics	Zeitliche Einordnung	Materialien
Drehungen koordinieren Kurven wechseln	Winter Sommer	Ski Inline-Skates

Aufgabenstellung:

Bei Kurzschwüngen soll der Oberkörper angespannt und möglichst ruhig sein. Ein sich mitbewegender Oberkörper würde die Fahrt bei kleinen Radien sehr unruhig machen. Die Rotationsimpulse kommen durch Drehungen im Sprung-, Knie- und Hüftgelenk zustande. Die Hüfte und der Oberkörper bzw. der Kopf drehen nicht bzw. so gut wie nicht mit. Sie dienen eher als Widerlager, gegen das die Beine schnell rotieren können.

Übungsbeispiele:

1. Kurzschwünge in verschiedenen Positionen: tief, mittig, gestreckt.
2. Kurzschwünge mit unterschiedlich starken Driftanteilen.
3. Kurzschwünge mit Luftballons zwischen den Beinen, um ein unabhängiges Drehen zu gewährleisten.
4. Ohne Stöcke: die Hände zu Fäusten geballt vor dem Körper halten, oder bei jeder Kurve vor dem Körper in die Hände klatschen.
5. Unterschiedliche Stockarbeit: Doppelstockeinsatz, Stockeinsatz in folgender Reihenfolge: links-rechts-doppel-doppel / links-rechts-doppel-doppel (Koordination), Stöcke wie ein Bilderrahmen hochhalten (während der Fahrt darf sich das Bild nicht ändern).

Variationen:

- Unterschiedliche Skistellungen: geschlossen bis weit offen.
- Viele Übungen sind auch als Partner- oder Gruppenübungen durchführbar.
- Das Gelände kann entsprechend dem Können verändert werden.
- Kurzschwünge mit unterschiedlicher Arm-Stock-Arbeit können auch mit den Inlinern geübt werden.

Hinweise:

- Durch die unterschiedlichen Stockhaltungen soll der Oberkörper kontrolliert werden und die Hauptarbeit nur aus den Beinen kommen.

4.3.5 Gleiten dosieren

21	Kanten schonen		II–III
Technische Basics	**Zeitliche Einordnung**		**Materialien**
Gleiten dosieren	Winter Sommer		Ski Inline-Skates

Aufgabenstellung:

Durch verschiedene Aufgabenstellungen in der Ebene und am Hang soll ein präzises Führen der Ski auf dem Belag geübt werden. Sobald es zu unterschiedlichen Kantstellungen, wie bspw. durch X- oder O-Beinstellung, kommt, ist ein paralleles Gleiten der Ski nicht mehr möglich.

Beim Inline-Skaten kann man nicht vom Gleiten sprechen, da es sich um ein Rollen handelt. Hier kommt es darauf an, die Inline-Skates parallel zu führen, beide Füße gleich zu belasten, und eine neutrale Position einzunehmen, um präzise geradeaus zu fahren.

Übungsbeispiele:

In der Ebene:
1. Roller fahren: Es wird mit nur einem Ski geübt. Nach dem Anstoßen den freien Fuß anheben und so weit wie möglich gleiten.
2. Mit den Stöcken mehrmals fest anschieben und anschließend so weit wie möglich gleiten.
3. Partnerübung: Sich schieben, anstoßen oder ziehen lassen und dabei die gesamte Lauffläche des Skis belasten (vorwärts und rückwärts).

Am Hang:
1. Beidbeinig in der Falllinie gleiten und sich an die Geschwindigkeit gewöhnen.
2. Gleiten in verschiedenen Körperstellungen: tiefe Hocke, ganz gestreckt, Vor- und Rücklage.
3. Durch Tore, die verschiedene Größen haben, durchfahren.
4. Mit verschiedenen Skistellungen gleiten: von geschlossen bis ganz breit.
5. Während der Schussfahrt die Ski auf dem Belag entgegengesetzt vor und zurückschieben.
6. Gleiten auf einem Ski, in verschiedenen Körperstellungen, mit und ohne Stöcke.
7. Rückwärts gleiten.
8. Das Schleppliftfahren kann auch als Gleitübung genutzt werden.
9. Wettkampfform „Gleiten in den Gegenhang": Alle fahren auf der gleichen Höhe los. Wer am Gegenhang am Höchsten kommt hat gewonnen.

Variationen:

- Die Schwierigkeit des Gleitens kann durch Veränderung der Schneeart und des Gefälles erhöht werden.
- Während des Gleitens kann die Körperposition fließend variiert werden.
- Einige Übungen können im Sommer mit den Inlinern geübt werden. Das Gleiten an sich kann aufgrund der Rollen nicht geübt werden, man kann aber das Einnehmen der optimalen Gleitposition üben.

Hinweise:

- Hüftbreite Skistellung gilt als guter Anhaltspunkt. Aber je höher die Körperposition wird, desto schmaler die Skistellung, je tiefer desto breiter.
- Die Ski dürfen nicht aufgekantet werden.

22 | Unterschiede beim Schussfahren | II

Technische Basics	Zeitliche Einordnung	Materialien
Gleiten dosieren	Winter Sommer	Ski Inline-Skates

Aufgabenstellung:

Es soll über Übungsbeispiele der Vorteil einer tiefen Abfahrtshockposition herausgestellt werden.

Übungsbeispiele:

1. Abfahrtshocke im Stand einnehmen und erspüren lassen, ob das Gewicht auf beide Beine und über die gesamte Fußsohle gleichverteilt ist.
2. Versuchen eine abgesteckte Strecke mit ganz plan gestellten Skiern zu bewältigen.
3. Während der Schussfahrt Gegenstände aufheben.

4. Partnerübung: Zwei Kinder fahren nebeneinander auf einer möglichst langen, sehr flachen Strecke Schuss. Während ein Kind in einer Hockposition fährt, bleibt das andere Kind in einer aufrechten Position. Während der Fahrt wechseln die beiden Kinder die Rolle.
5. Wettkampfform „Wer ist der bessere Gleiter?": Zwei oder mehr Kinder fahren nebeneinander in der Hockposition und schauen, wer besser seine Ski plan stellen kann.

Variationen:
- Die Körperposition kann auch nach vorne und hinten verändert werden.
- Die Skistellung kann variieren von eng-geschlossen bis weit-offen.
- Die Kinder sollen an ihrer Hockposition experimentieren und ihre bevorzugte Position vorstellen.
- In der Abfahrtshocke durch variierendes Gelände fahren.

Hinweise:
- Es soll deutlich gemacht werden, dass in einer Hockposition ein höheres Tempo erreichbar ist.
- Je tiefer die Hockposition, desto geringer ist der Luftwiederstand.
- Bei Schussfahrten in höheren Geschwindigkeitsbereichen und bei Wettkampfformen muss auf ausreichend Platz auf der Piste geachtet werden.

23 | Gleiten auf dem Snowboard | II

Technische Basics	Zeitliche Einordnung	Materialien
Gleiten dosieren Körperposition regulieren	Winter Sommer	Snowboard Skateboard

Aufgabenstellung:

Im Anfängerstadium sollte das Gleiten nur an einem leicht geneigten Hang, eventuell mit Gegenhang, oder in der Ebene geübt werden. Wichtig ist eine bewegungsbereite Position und die gleichmäßige Belastung beider Beine sowie der gesamten Fußsohle.

Übungsbeispiele:

In der Ebene:
1. Roller fahren: Mit dem hinteren Bein, das nicht in der Bindung ist, anschieben, danach den Fuß auf das Board gegen die hintere Bindung stellen und gleiten.
2. Partnerübung: Sich schieben, anstoßen oder ziehen lassen und dabei die gesamte Lauffläche des Snowboards belasten (vorwärts und rückwärts).
3. Wettkampfform „Wettgleiten": Jeder darf bis zu einer Markierung durch rollern Schwung holen. Dann wird das freie Bein gegen die hintere Bindung gestellt und geschaut wer am weitesten kommt.

Am Hang:
1. Gleiten in der Falllinie und sich an die Geschwindigkeit gewöhnen.
2. Gleiten mit Gewichtsverlagerung zu Nose und Tail.

3. Gleiten in ganz tiefer und ganz gestreckter Position.
4. Gleiten in zunehmend steilerem Gelände (evtl. mit Gegenhang).
5. Versuchen während der Gleitphase verschiedene Gegenstände aufzuheben, ohne das flachgestellte Board aufzukanten.
6. Schussfahrt über verschiedene Geländeformen.
7. Das Schleppliftfahren kann auch als Gleitübung genutzt werden.
8. Switch gleiten.
9. Wettkampfform „Gegenhangwettgleiten": Alle fahren auf der gleichen Höhe los. Wer am Gegenhang am höchsten kommt hat gewonnen.

Variationen:

- Die Schwierigkeit des Gleitens kann durch Veränderung der Schneeart und des Gefälles erhöht werden.
- Während dem Gleiten kann die Körperposition fließend variiert werden.
- Einige Übungen können im Sommer mit dem Skateboard geübt werden. Wie bei Inline-Skates kann aufgrund der Rollen das eigentliche Gleiten nicht geübt werden, man kann aber das Einnehmen der optimalen Gleitposition üben.

Hinweise:

- Das Board soll nicht auf die Kante gestellt werden.

24	Gleiten mit Langlaufskiern		II–III
Technische Basics	**Zeitliche Einordnung**		**Materialien**
Gleiten dosieren Körperposition regulieren	Winter		Langlaufski

Aufgabenstellung:

Durch verschiedene Fortbewegungstechniken, wie den Diagonalschritt, den Doppelstockschub und der Abfahrt mit den Langlaufski, soll das Gleitgefühl und die Fähigkeit den Langlaufski präzise plan zu führen trainiert werden.

Übungsbeispiele:

In der Ebene:
1. Roller fahren: Es wird mit nur einem Ski geübt. Nach dem Anstoßen den freien Fuß anheben und so weit wie möglich gleiten.
2. Mit den Stöcken mehrmals fest anschieben und anschließend so weit wie möglich gleiten.
3. Partnerübung: Sich schieben, anstoßen oder ziehen lassen und dabei die gesamte Lauffläche des Skis belasten.
4. Wettkampfform: Wer kommt mit zwei Doppelstockschüben am weitesten?
5. Wettkampfform: Wie oft muss man anschieben, um eine vorgegebene Wegstrecke zu überwinden?

Am Hang:
1. Beidbeinig in leicht abschüssigem Gelände gleiten und sich an die Geschwindigkeit gewöhnen.
2. Gleiten in verschiedenen Körperstellungen: tiefe Hocke, ganz gestreckt, Vor- und Rücklage.
3. Mit verschiedenen Skistellungen gleiten: parallel, Telemarkschritt usw.
4. Während der leichten Abfahrt die Ski auf dem Belag entgegengesetzt vor und zurückschieben.
5. Gleiten auf einem Ski, in verschiedenen Körperstellungen, mit und ohne Stöcke.
6. Wettkampfform „Ausgleiten": Alle fahren auf der gleichen Höhe los. Wer am Ende des Gefälles in der Ebene am weitesten kommt hat gewonnen.

Variationen:

- Während dem Gleiten kann die Körperposition fließend variiert werden.
- Staffelspiele in der Ebene mit unterschiedlichen Anschubmöglichkeiten.
- Mit und ohne Stöcke gleiten.

Hinweise:

- Das Balanciergleichgewicht wird durch die schmale Unterlage verstärkt mitgeschult.
- Die Gewichtsverteilung muss auf beide Ski gleich verteilt sein.
- Eine neutrale Position muss eingenommen werden, um ein Kippen nach vorne zu verhindern.
- In einer Loipenspur zu fahren, erleichtert das Gleiten

Technische Basics im Schneesport

25	Gleiten auf dem Wasser		III
Technische Basics	**Zeitliche Einordnung**		**Materialien**
Gleiten dosieren Körperposition regulieren	Sommer		Wasserski Wakeboard Surfboard

Aufgabenstellung:

Beim Fahren auf dem Wasser an einer Wassersportanlage mit Wasserski, Wakeboard oder Surfboard soll auf den langen Geraden versucht werden, möglichst gerade zu fahren. Ziel ist es, ohne Richtungsänderungen auf dem Wasser zu gleiten.

Es können dabei neben dem Gleiten verschiedene andere Bereiche aus dem Schneesport trainiert werden: Wasserski = Skilauf – Wakeboard und Surfboard = Snowboard.

Übungsbeispiele:

1. Anfänglich eine angenehme, bewegungsbereite, mittige Position über dem jeweiligen Wassersportgerät finden.
2. Während dem Gleiten verschiedene Positionen einnehmen: hoch-tief, vor-zurück.
3. Wechseln zwischen Kurven und Gleitphasen ohne große Ausgleichmanöver.
4. Mit unterschiedlichem Tempo fahren.
5. Wettkampfform: Wer kann am weitesten gleiten wenn an einer bestimmten Stelle das Zugseil losgelassen wird?

Variationen:

- Während dem Gleiten kann die Körperposition fließend variiert werden.

Hinweise:

- In den bewussten Gleitphasen die Wassersportgeräte nicht auf die Kante stellen.

Kognitive Basics im Schneesport

5.1 Einleitung

Der dritte, kognitiv orientierte Zugang der Schneeschule, der in Kapitel 1 ausführlich beschrieben wurde, basiert auf fünf schneesportübergreifenden, kognitiven Basics. Diese Komponenten bilden eine Grundlage, quasi das kognitive Gerüst, durch die es möglich sein soll, alle schneesportspezifischen Handlungen sicher auszuführen. Gerade im Schneesport gibt es sich häufig wiederholende, spezielle Situationen, die gelöst werden müssen. Da es dazu noch wenige Überlegungen in der Literatur gibt und so gut wie keine empirischen Befundmuster, wurde auf Alltagswissen, Expertisen und Experten-Interviews zurückgegriffen. Die folgende Aufgabensammlung soll fünf kognitive Basics intensiv und weitestgehend isoliert schulen.

5.2 Ordnungskriterien

Die Aufgabensammlung wird in ähnlicher Weise strukturiert wie in Kapitel 2, 3 und 4. Die Einteilung erfolgt nach drei Gliederungspunkten. Zunächst werden die Aufgaben nach der primären Schulung der kognitiven Komponente geordnet. Auch hier muss berücksichtigt werden, dass bei einzelnen Aufgabenstellungen auch mehrere kognitive Basics gleichzeitig geschult werden können, genannt wird aber immer diejenige, die im Zentrum steht. Auf der zweiten Stufe wird der zeitliche Einsatz genannt (Winter/Sommer). Schließlich wird in verschiedene Sportarten differenziert. Die Schwierigkeitsstufe neben dem Titel verdeutlicht wiederum, welchen Expertiselevel die Aufgabe anspricht.

Anders als bei den vorigen Kapiteln wird nicht über Übungsbeispiele gearbeitet, sondern eine jede Aufgabenstellung nur über Variationsmöglichkeiten beschrieben.

5.3 Aufgabensammlung

5.3.1 Sich verfügbar machen

1	Händchenhalten		II
Kognitive Basics	**Zeitliche Einordnung**		**Sportgerät**
Sich verfügbar machen Umgebung im Blick behalten Grenzen überwinden	Winter Sommer		Ski Inline-Skates Snowboard Skateboard Kippstangen

Aufgabenstellung:

Hand-in-Hand sollen nebeneinander Kurven gefahren werden. Bei Snowboardern funktioniert das auch, indem beide in der vorderen Hand eine Kipp- oder Netzstange halten.

Variationen:

- Die Aufgabe kann auch mit mehr als zwei Personen durchgeführt werden.
- Die Entfernung zu der Nachbarperson kann verändert werden: von Kippstangen über Skistöcke bis zur Handfassung und in den Arm nehmen.
- Es kann hintereinander gefahren werden. Die Verbindung wird durch zwei Kippstangen, links und rechts, aufrechterhalten.
- Fahrtechnik, Gelände und Tempo können variieren.
- Radien und Winkel innerhalb einer Abfahrt können variieren.
- Es können beliebige Zusatzaufgaben gestellt werden.

Hinweise:

- Es muss permanent auf den Partner geachtet werden.
- Alle Aktionen müssen zeitgleich durchgeführt werden.
- Der äußere Fahrer erfährt stärkere Kräfte und kann mehr Kurvenlage einnehmen.

Aufgabensammlung

2 | Zu allem bereit | II

Kognitive Basics	Zeitliche Einordnung	Sportgerät
Sich verfügbar machen Breite Aufmerksamkeit erzeugen	Winter Sommer	Ski Inline-Skates Snowboard Skateboard

Aufgabenstellung:

In Partner- oder Gruppenarbeit sollen während dem Fahren knappe Anweisungen von einem Außenstehenden,gegeben werden, die der Übende im nächsten Moment durchführen soll. Diese Anweisungen können sich auf eine oder mehrere Personen beziehen. Der Übende muss permanent in Bereitschaft sein, um die Aktionen direkt ausführen zu können.

Variationen:

- Veränderungen der Körperposition: vor-rück, links-rechts, hoch-tief.
- Unterschiedliche Fahrtechniken.
- Unterschiedliche Geschwindigkeiten.
- Umfang und Intensität der Bewegungsausführungen.
- Stockeinsatz: links, rechts, beidseitig, falsche Seite.
- Fahrsinnwechsel Forward to Switch.
- Verschiedene Drehmechanismen.
- Sprünge während der Fahrt.

Hinweise:

- Die Aktionen sollen möglichst schnell nach der Ansage durchgeführt werden.
- Für alle Könnensstufen geeignet.
- Das Gelände und die Schneeart können zusätzliche Herausforderungen darstellen.
- Es können aus allen möglichen Schneesportarten Aktionen gewählt werden.

3	Parcoursbewältigung		II–III
Kognitive Basics	**Zeitliche Einordnung**		**Sportgerät**
Sich verfügbar machen	Winter Sommer		Ski Inline-Skates Snowboard Skateboard Hütchen Springseile

Aufgabenstellung:

In einem mit unterschiedlichen methodischen Hilfsmitteln aufgebauten Parcours, sollen verschiedene Aufgaben erfüllt werden. Ziel ist es, die Aufgaben rechtzeitig durchzuführen, und die vorgegebene Strecke nicht zu verlassen.

Variationen:

- Über Seile springen.
- Unter aufgespannten Seilen durchfahren.
- Um Hütchen fahren.
- Hütchen beim Vorbeifahren berühren.
- Drehungen einbauen.
- Stopplinien, danach wieder beschleunigen.
- Ski: Eine Teilstrecke einbeinig fahren.
- Wettkampfform: Auf Zeit fahren oder Punkte für richtig durchgeführte Aufgaben, Minuspunkte für das Verlassen der Strecke oder umgeworfene Gegenstände.

Hinweise:

- Die Parcoursstrecke muss deutlich erklärt werden.
- Die verschiedenen Stationen können variantenreich angeboten werden.

4	Befahren eines Geländeparcours		II–III
Kognitive Basics	**Zeitliche Einordnung**	**Sportgerät**	
Sich verfügbar machen Umgebung im Blick behalten	Winter Sommer	Ski Inline-Skates Snowboard Skateboard	

Aufgabenstellung:

Es soll ein Geländeparcours befahren werden, der möglichst viele verschiede Geländeformen aufweist. Man sollte nach dem Beenden einer Geländeform schon mit der nächsten konfrontiert werden. Dadurch wird man gezwungen, sich während der Fahrt antizipativ mit der kommenden Geländeform zu beschäftigen.

Variationen:

- Wellenbahn.
- Dächer.
- Pistenkanten.
- Mulden.
- Hügel.
- Steilkurven.
- Buckelpiste.
- Verschiedene Schanzenarten.

Hinweise:

- Es ist nicht einfach das ideale Gelände hierfür zu finden. Man kann aber mit ein wenig Kreativität und Handarbeit einen tollen Geländeparcours präparieren.
- In manchen Skigebieten gibt es sogenannte Funslopes, welche ein ideales Trainingsgelände für diese Aufgabenstellung bieten.

5.3.2 Belastungen standhalten

5	Blinde Kuh		III
Kognitive Basics	**Zeitliche Einordnung**	**Sportgerät**	
Belastungen standhalten Grenzen überwinden	Winter Sommer	Ski Inline-Skates Snowboard Skateboard	

Aufgabenstellung:

Man geht partnerweise zusammen. Einer der beiden macht die Augen zu und soll sich von dem Anderen führen lassen. Ziel ist es, dass einer der Partner komplett blind fährt.

Variationen:

- Zuerst über taktile Führung langsam Vertrauen aufbauen. Anfangs kann man über eine Kippstange verbunden sein.
- Im Idealfall nur noch über akustische Signale dirigieren.
- Gelände und Tempo können variieren.
- Bei Unterforderung können Zusatzaufgaben, wie Veränderungen der Fahrtechnik oder Switch fahren, gestellt werden.
- Über eine Wellenbahn fahren. Der Schüler muss permanent bewegungsbereit sein.

Hinweise:

- Die Piste sollte recht leer sein, um Zusammenstöße zu vermeiden.
- Anfangs in einem flachen und breiten Gelände beginnen.
- Das Tempo soll aus Sicherheitsgründen langsam gewählt werden.
- Großen Abstand zwischen den einzelnen Paaren lassen.
- Den Kindern muss deutlich werden, welche Verantwortung sie haben.
- Der Führende soll viele und deutliche Anweisungen geben. Der Blinde muss das Gefühl bekommen, dass sein Partner immer für ihn da ist.
- Hohe Konzentration ist Voraussetzung, um jederzeit reagieren zu können.
- Es darf keiner gezwungen werden, die ganze Zeit die Augen zuzumachen. Es soll langsam die Angst abgebaut werden.

6	Bauchlandung – Stürzen ohne Grenzen		I
Kognitive Basics	**Zeitliche Einordnung**	**Sportgerät**	
Belastungen standhalten	Winter Sommer	Ski Inline-Skates Snowboard Skateboard	

Aufgabenstellung:

Ein großer Angstpunkt bei den Schnee- und Trendsportarten ist das Stürzen und die daraus resultierenden möglichen Verletzungen. Bei manchen Trendsportarten kann die Angst noch größer sein, da sie auf Asphalt stattfinden und eine größere Verletzungsgefahr ausstrahlen. Bei den Schneesportarten kann der Sturz durch den weicheren Schnee etwas gedämpft werden. Da das Stürzen bei all diesen Sportarten nicht ausbleibt, ist es hilfreich, das Fallen zu üben. Weiß man, wie man richtig fällt, hat man später bei der Ausführung der Sportart meist weniger Angst.

Variationen:

Fallen mit den Inline-Skates:
- Das Fallen nach vorne ist die ungefährlichste Art, denn Wirbelsäule und Kopf sind so eher geschützt. Stürze nach hinten sollten durch Drehungen auf die Seite möglichst verhindert werden. Die wichtigsten Grundregeln: Körperschwerpunkt nach unten bringen – erst auf die Knie fallen – mit geradem Rücken das Gesäß nach hinten bringen und mit vorgestreckten Händen auf den Handprotektoren abfangen.

Fallen mit dem Snowboard:
- Fallen Frontside: Die Arme gebeugt und eng neben der Brust halten. Körperschwerpunkt absenken – anschließend flach über den Schnee strecken, ohne dabei auf die Knie zu stürzen. Der Sturz wird hauptsächlich durch die Unterarme abgefangen → Wie ein Pinguin!
- Fallen Backside: Die Armhaltung bleibt gleich. Das Kinn ist auf die Brust gezogen. Körperschwerpunkt absenken – und über den runden Rücken abrollen → Wie eine Schildkröte!

Notsturz beim Skifahren:
- Während der Fahrt tiefgehen und sich neben den Ski in den Schnee setzen bzw. fallen lassen. Bei eventuell einsetzendem Rutschen die Muskulatur anspannen, die Beine zu einem Block zusammenpressen, damit sich die Ski nicht überkreuzen und versuchen die Ski immer ins Tal zu strecken, um mit den Kanten die Geschwindigkeit abzubremsen.

Hinweise:

- Die Fallübungen können erst ohne Gerät geübt werden.
- Das Fallen sollte mehrmals und bei verschiedenen Geschwindigkeiten geübt werden.
- Die Stürze können auch in der Halle auf Matten durchgeführt werden.
- Für die Kinder: Stürzen gehört dazu! Stürzen ist keine Schande!

7	Befahren von steilem Gelände		III
Kognitive Basics	**Zeitliche Einordnung**		**Sportgerät**
Belastungen standhalten Grenzen überwinden	Winter		Ski Snowboard

Aufgabenstellung:

Das Befahren von steilem Gelände macht vielen Wintersportlern zunächst Angst, dabei ist es bei richtiger Technikumsetzung kein großes Problem einen Steilhang zu meistern.

Aus einer tiefen, bewegungsbereiten Position wird mit einer schnellen Vertikalbewegung zum Kurvenwechsel das Wintersportgerät entlastet. Wichtig ist, dass die kombinierte Bewegung aus den Beinen vor-talwärts mit hoher Intensität ausgeführt wird, um ein schnelles Umkanten und folglich eine erneute direkte Geschwindigkeitskontrolle zu ermöglichen. Somit schmeißt man sich quasi nach vorne in den Hang hinein. Dies braucht Überwindung kann aber trainiert werden.

Variationen:

- Kurven mit kleinen Radien und großen Winkeln.
- Kurven mit hinter dem Körper verschränkten Armen.
- Die Vertikalbewegung kann so extrem ausgeführt werden, dass der Bodenkontakt am hinteren Teil des Schneesportgeräts verloren geht.
- Steileres Gelände, variierende Schneeverhältnisse.

Hinweise:

- Die Vertikalbewegung und die Rotation sind die entscheidenden Aktionen im steilen Gelände.
- Je steiler das Gelände, desto intensiver müssen die verschiedenen Bewegungen durchgeführt werden.

8	Kanonenrohr befahren		III
Kognitive Basics	**Zeitliche Einordnung**	**Sportgerät**	
Belastungen standhalten	Winter	Ski Snowboard	

Aufgabenstellung:

Es sollen mit dem jeweiligen Sportgerät enge Passagen befahren werden. Hierbei kann es sich um enge Mulden (sog. Kanonenrohre), Rinnen oder schmale Ziehwege handeln. Durch den kleineren Spielraum müssen Richtungsänderungen schnell und präzise durchgeführt werden, was erhöhte Ansprüche an die Konzentration stellt.

Dazu kommen andere Wintersportler, die solche Situationen sehr unangenehm machen können, da man nie genau wissen kann, wie der Vordermann agiert.

Variationen:

- Man kann diese Aufgabe durch konstruierte Situationen mit Hütchen oder Kippstangen gut trainieren.
- Die Schwierigkeit kann durch Variation der Breite des Pisten- oder Wegstücks und des Gefälles verändert werden.

Hinweise:

- Bei der Ausführung muss unbedingt auf die Frequentierung der Piste geachtet werden, um Zusammenstöße zu vermeiden.
- Die ausgewählte Strecke sollte dem Können angepasst sein.
- Die Verletzungs- bzw. Sturzgefahr kann erhöht sein, da es bei solchen Strecken selten Ausweichmöglichkeiten gibt.

5.3.3 Umgebung im Blick behalten

9	Blicke regulieren		I–II
Kognitive Basics	**Zeitliche Einordnung**		**Sportgerät**
Umgebung im Blick behalten Breite Aufmerksamkeit erzeugen	Sommer		Bälle

Aufgabenstellung:

Zwei Schüler gehen paarweise zusammen. Einer steht, fixiert einen Punkt im Raum und beobachtet, mit möglichst ruhigem Kopf den Partner, wie er sich im Raum bewegt. Dabei kann der sich Bewegende eine Aufgabe stellen, die der Beobachtende zu lösen versucht: „Wie viele Finger zeige ich?".

Variationen:

- Die gestellten Aufgaben können beliebig variieren.
- Die Anzahl der Aufgabensteller kann variieren.
- Anstelle eines Partners können auch bspw. farbige Bälle in einem gewissen Abstand an dem Übenden vorbeigerollt / geworfen werden und der Beobachtende muss versuchen die Abfolge der Farben zu nennen.

Hinweise:

- Der Beobachter darf sich nicht bewegen.
- Der Beobachter soll sich auf einen Punkt fixieren.
- Das periphere Sehen bzw. Beobachten soll geschult werden.

Kognitive Basics im Schneesport

10	Schussfahren mit Zusatzaufgaben		II
Kognitive Basics	**Zeitliche Einordnung**	**Sportgerät**	
Umgebung im Blick behalten Breite Aufmerksamkeit erzeugen	Winter Sommer	Ski Inline-Skates Snowboard Skateboard Bälle	

Aufgabenstellung:

Während einer Schussfahrt sollen verschiedene Zusatzaufgaben, die das periphere Sehen schulen, ausgeführt werden.

Variationen:

- Ein Ziel, wie bspw. Pistenbegrenzung oder ähnliches, mit Schneebällen treffen.
- Durch eine Gasse fahren und den Schneebällen der anderen Kinder ausweichen.
- Einen Ball oder die Stöcke auf der Hand balancieren.
- Einen Ball hochwerfen und wieder fangen.
- Am Pistenrand aufgesteckte Stangen zählen.
- Im Wechsel die Augen auf und zu machen. Nach dem Öffnen der Augen sich sofort wieder auf die Umgebung konzentrieren.
- Durch eine eng gesteckte Gasse aus Kippstangen fahren und abwechselnd mit der Außenhand jede Stange berühren.
- Gruppenübung: Mehrere Kinder fahren nebeneinander und sollen einen Ball weiterreichen.
- Alle Übungen in einer Wellenbahn ausführen.

Hinweise:

- Das Gelände muss richtig gewählt werden, um das Tempo regulieren zu können.
- Viele Übungen können als Wettkampfformen durchgeführt werden.

11 Skilehrerschatten

Kognitive Basics	Zeitliche Einordnung	Sportgerät
Umgebung im Blick behalten	Winter Sommer	Ski Inline-Skates Snowboard Skateboard

Aufgabenstellung:
Wer ist der schnellste Schatten des Skilehrers? Der Lehrer soll genau beobachtet werden, um die Bewegungen, die er ausführt, so schnell wie möglich nachzumachen.

Variationen:

- Die Aufgabenstellung kann zunächst in der Ebene geübt und anschließend an den Hang gebracht werden.
- Ski: Skistellungen springend wechseln von breiter oder schmaler, paralleler Skistellung, Pflug, Schere, beidbeinig oder einbeinig.
- Ski: den ganzen Ski / Skispitze / Skiende anheben.
- Ski: Stöcke ablegen.
- Sprünge: Hocke, Krätsche usw.
- Unterschiedliche Körperpositionen.
- Wettkampfform: Wer eine falsche Bewegung macht scheidet aus!

Hinweise:

- Ein Schüler kann zum Schattengeber werden und sich neue Bewegungen einfallen lassen.

12	Lumpensammler		I–II
Kognitive Basics	**Zeitliche Einordnung**		**Sportgerät**
Umgebung im Blick behalten	Winter Sommer		Ski Inline-Skates Snowboard Skateboard Bälle Springseile

Aufgabenstellung:

Am Hang fährt eine Person vor und lässt Gegenstände wie Bälle, Springseile usw. fallen. Ein oder mehrere Nachfolger sammeln die verlorenen Gegenstände wieder ein.

Variationen:

- Die Anzahl und Abstände zwischen den Lumpen können variieren.
- Gelände und Tempo können variieren.
- Je kleiner der Abstand zu dem Vorausfahrenden, desto schwieriger.
- Die Gegenstände dürfen nur mit der bergseitigen / talseitigen Hand aufgehoben werden.
- Zusatzaufgaben können gestellt werden: Kurventechnik festlegen, nur mit gestreckten Beinen aufheben, der Oberkörper muss aufrecht bleiben, usw.
- Wettkampfform: Wer schafft es alle Gegenstände aufzuheben?

Hinweise:

- Die Hangneigung muss dem Können entsprechend ausgewählt werden.
- Kleinere Gegenstände, wie Bonbons und Gummibärchen können das Wahrnehmen und Aufheben erschweren, die Motivation aber stark steigern.
- Schüler können diese Übung untereinander in Paaren oder Kleingruppen durchführen.

5.3.4 Breite Aufmerksamkeit erzeugen

13 | Stangenwald | II

Kognitive Basics	Zeitliche Einordnung	Sportgerät
Breite Aufmerksamkeit erzeugen	Winter Sommer	Ski Inline-Skates Snowboard Skateboard Kippstangen

Aufgabenstellung:

Es werden Kippstangen oder ähnliche Hindernisse gesteckt, die umfahren werden müssen. Die Hindernisse sollen nicht in regelmäßigen Abständen zueinander aufgestellt werden, sondern wild durcheinander angeordnet sein (Stangenwald). Durch die große Anzahl an Gegenständen, die umfahren werden sollen, muss man sehr vorausschauend fahren und seine Umgebung permanent im Blick behalten.

Variationen:

- Nur um blaue / rote Stangen fahren.
- Die Technikform kann variieren.
- Der Stangenwald kann paarweise als Verfolgung befahren werden.
- Wettkampfform: Wer fährt am schnellsten um alle blauen Stangen?
- Wettkampfform: Wer fährt um die meisten gleichfarbigen Stangen bis zum Ende des Stangenwalds?

Hinweise:

- Mit welcher Technik die Hindernisse zu Beginn umfahren werden, sollte keine Rolle spielen.
- Die Piste sollte dem Können entsprechend ausgewählt werden.
- Die Aufgabenstellung kann als Vorübung zum Stangenfahren (Rennlauf) genutzt werden.

Kognitive Basics im Schneesport

14	Synchronfahren ohne akustisches Signal		III
Kognitive Basics	**Zeitliche Einordnung**	**Sportgerät**	
Breite Aufmerksamkeit erzeugen	Winter Sommer	Ski Inline-Skates Snowboard Skateboard	

Aufgabenstellung:

Mehrere Kinder fahren zusammen in einer Gruppe (bspw. Linie, Reihe, Pfeil, wilde Wolke) und versuchen den gleichen Rhythmus einzuhalten. Normalerweise gibt dazu ein Kind der Gruppe ein akustisches Signal zu jedem Kurvenwechsel. Dieses Signal soll nun bewusst weggelassen werden, so dass die Schüler die Bewegungen der anderen, neben der vorliegenden Pistensituation und ihrer eigenen Technikumsetzung, wahrnehmen müssen.

Variationen:

- Anzahl der Mitfahrer.
- Aufstellung der Gruppe.
- Radien und Winkel in einer Abfahrt.
- Positionswechsel in einer Abfahrt.
- Schwierigkeit des Geländes.

Hinweise:

- Um die Abstände zueinander einzuhalten, müssen die Mitfahrer genau beobachtet werden.
- Die Pistenverhältnisse müssen beobachtet werden, um sich auf eventuelle Unebenheiten vorzubereiten.
- Bei entsprechend schweren Formationen muss das Geschehen in mehreren Richtungen wahrgenommen werden: vor, neben und hinter sich.
- Bei Formationen mit Positionswechsel spielt das Beobachten der Umgebung eine noch größere Rolle.

Kognitive Basics im Schneesport

15	Rhythmusschulen mit Zusatzaufgaben		II–III
Kognitive Basics	**Zeitliche Einordnung**		**Sportgerät**
Breite Aufmerksamkeit erzeugen	Sommer		Bälle Hütchen Koordinationsleiter Turnmatten Turnreifen

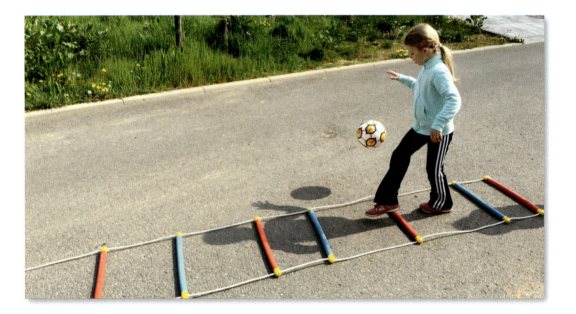

Aufgabenstellung:

Mit Turnmatten, Hütchen, Turnreifen usw. kann man unterschiedliche Parcours aufbauen, welche verschiedenste Anforderungen an die Rhythmik stellen. Mit kleinen Zusatzaufgaben soll die Aufmerksamkeit in die Breite gezogen werden, so dass, wie im Wintersport üblich, neben einer rhythmischen Bewegungsausführung zusätzliche Wachsamkeit für die Umgebung nicht untergeht.

Variationen:

- Über eine Mattenbahn laufen ohne den Boden zu berühren. Den Mattenabstand rhythmisch und arrhythmisch anordnen und dabei einen Ball hochwerfen und fangen.
- Durch eine Reifenreihe hüpfen. Die Turnreifen rhythmisch und arrhythmisch anordnen und dabei zugeworfene Bälle fangen und wieder zurück passen.
- Über eine Koordinationsleiter laufen. Dabei unterschiedlich viel Platz zwischen den Sprossen lassen und zusätzlich einen Ball prellen.
- Einen Hütchenslalom vor-, rück- und seitwärts durchlaufen. Dabei müssen die von einem Partner hochgehaltenen Finger abgezählt werden.
- Die Übungsbeispiele können vielfach kombiniert und ausgebaut werden.

Hinweise:

- Man kann die Übungen zu einem großen Parcours zusammenbauen.

16 | Skala-Fahrten | III

Kognitive Basics	Zeitliche Einordnung	Sportgerät
Breite Aufmerksamkeit erzeugen	Winter Sommer	Ski Inline-Skates Snowboard Skateboard

Aufgabenstellung:

Die folgende Übung soll der Entwicklung einer differenzierten Bewegungsausführung dienen. Die Kinder sollen versuchen eine innere Bewegungsskala zu entwickeln und so zu lernen, während dem normalen Fahren zusätzlich dosiert Kräfte und Bewegungen zu steuern.

Es empfiehlt sich eine Skala von -2 bis +2 zu wählen, mit den Schritten: -2, -1, 0, +1, +2. Wichtig ist, dass die Kinder die Bewegungsausführungen nicht nur optisch, sondern auch taktil unterscheiden können.

Variationen:

- Es wird eine Fertigkeit – bspw. Bogentreten (aus der Falllinie „rausgehen") – in einer extremen Ausführung (zuerst ganz lange, danach betont kurze Schritte) gefahren. Nachdem beide Extreme gefahren wurden, sollen, gemäß der Skala, die unterschiedlichen Schritte ausgeführt werden.
- Innerhalb einer Übungsfahrt – bspw. Schuss fahren – wird die Breite der Skistellung schrittweise gemäß der Skala verändert. Dieses Prinzip kann auch bei vielen anderen Bewegungsausführungen oder Technikformen angewandt werden.

- Auf unterschiedlich steilen Hangabschnitten werden verschiedene Technikformen in verschiedenen Ausführungen erprobt. Es soll herausgefunden werden, welcher Skalawert in der entsprechenden Situation günstig war und welcher eher nachteilig.
- Diese Übungen können beliebig mit allen möglichen Bewegungsausführungen, Körperpositionen, Technikformen usw. ausgeführt werden.
- Die Schwierigkeit kann durch Veränderungen des Geländes, des Tempos und der Schneeart variiert werden.

Hinweise:

- Bei Bedarf kann die Skala erweitert oder verfeinert werden.
- Die Skala sollte entsprechend dem Fahrkönnen angepasst werden.

5.3.5 Grenzen überwinden

17	Überwinde dich		III
Kognitive Basics	**Zeitliche Einordnung**	**Sportgerät**	
Grenzen überwinden	Winter Sommer	Ski Inline-Skates Snowboard Skateboard	

Aufgabenstellung:

Im Wintersport kommt es immer wieder zu Situationen, bei denen man sich überwinden muss. Solche Situationen können bspw. Angst vor einem steilen Hang, Angst vor Sprüngen über Kanten oder kleine Felsen, Angst vor Backside-Rotationen (Snowboard: Drehungen bei denen der Rücken zuerst Richtung Tal gedreht wird), oder schlicht die Angst vor dem Schlepplift sein. Diese Ängste können das allgemeine Ziel der sicheren und problemlosen Pistenbewältigung stark beeinflussen.

Die Aufgabenvariationen können aus den vorigen Kapiteln ausgewählt werden. Wichtig ist bei der Aufgabenstellung die positiv motivierende Position des Übungsleiters.

Variationen:

- Die Grenzen durch Hilfestellungen gemeinschaftlich überwinden.
- Motivationalen Beistand beim selbstständigen Üben.
- Über Zuspruch und konkretes Feedback zum Erfolg führen.
- Misserfolge gemeinschaftlich verarbeiten.

Hinweise:

- Die Schüler dürfen nie gezwungen werden Übungen auszuführen.
- Es sollte immer nach dem methodischen Prinzip vom Leichten zum Schweren vorgegangen werden. In diesem Fall von „Ich traue mich" zu „Es kostet mich Überwindung".
- Die Sicherheit der Übenden ist zu keiner Zeit zu gefährden.

18	Geschwindigkeitsrausch		II–III
Kognitive Basics	**Zeitliche Einordnung**		**Sportgerät**
Grenzen überwinden	Sommer		Inline-Skates Skateboard Mountainbikes

Aufgabenstellung:

Durch verschiedene Übungen in den unterschiedlichen Sportarten soll der Umgang mit der Geschwindigkeit trainiert werden. Anfangs soll man sich in einem Geschwindigkeitsbereich aufhalten, in dem man sich wohl fühlt und später sollen die eigenen Grenzen erreicht werden. Dabei stehen Inline-Skates, Skateboard und Mountainbikes synonym für jegliche Fahren, Rollen, Gleiten – Trendsportarten.

Inline-Skates:
- Fahren in verschiedenen Geschwindigkeiten.
- Fahren in verschiedenen Positionen: gestreckt, gebeugt.
- Bergabfahren: ohne und mit Anlauf, in der Abfahrtshocke, Gleittest (mehrere Schüler gleichzeitig), mit und ohne Kurven.
- Vorwärts und rückwärts.

Skateboard:
- Fahren in verschiedenen Geschwindigkeiten.
- Fahren in verschiedenen Positionen: getreckt, gebeugt, kniend, sitzend, in Bauchlage.
- In der Ebene und leicht bergab, mit und ohne Kurven.
- Vorwärts und rückwärts.

Mountainbikes:
- Fahren in der Ebene und bergab, auf Straßen und genehmigten Waldwegen.
- Gegen den Tacho fahren.

Variationen:
- Bei Unterforderung können noch Zusatzaufgaben gestellt werden.
- Wettkampfform: Wer rollt am schnellsten?

Hinweise:
- Es kann auch in Gruppen gemeinsam mit den unterschiedlichen Sportgeräten gefahren werden.

Kognitive Basics im Schneesport

19	Fahren bis die Schenkel brennen		II
Kognitive Basics	**Zeitliche Einordnung**		**Sportgerät**
Grenzen überwinden	Winter Sommer		Ski Inline-Skates Snowboard Skateboard

Aufgabenstellung:

Eine ausgewählte Technikform wird über eine so lange Strecke gefahren, bis die Oberschenkel zu brennen beginnen.

Variationen:

- Diese Übung ist in allen Könnensstufen einsetzbar, da die zu fahrende Technik frei wählbar ist und dem Fahrkönnen angepasst wird.
- Es können beliebige Zusatzaufgaben gestellt werden.
- Körperposition, Skistellungen usw. können variieren.
- Gelände und Tempo können variieren.

Hinweise:

- Die Fahrt muss beendet werden, bevor das Brennen zu stark wird. Es darf keine Gefahr eines Sturzes durch Überbelastung entstehen.
- Je kleiner die Radien, je stärker die Vertikalbewegung, je schwerer der Schnee, desto anstrengender wird die Fahrt.

Kognitive Basics im Schneesport

20	Grenzerfahrung Buckelpiste		III
Kognitive Basics	**Zeitliche Einordnung**		**Sportgerät**
Grenzen überwinden	Winter		Ski Snowboard

Aufgabenstellung:

Eine richtige Buckelpiste bringt sogar gute und sehr erfahrene Wintersportler an ihre Grenzen. Die permanente Bewegungsbereitschaft, die Stabilität im Oberkörper, die im Zusammenspiel mit einer Mobilität in den Beinen perfekt abgestimmt sein muss, um stark zerfahrenes Gelände zu meistern, verlangen einem alles ab.

Der Buckel wird in einer bewegungsbereiten Position angefahren. Bei der Fahrt auf den Buckel werden die Beine gebeugt um ein Umkanten zu ermöglichen. Das Steuern der Kurve erfolgt durch ein Strecken der Beine in Richtung Buckeltal. Die Streckung erfolgt dabei nicht bis in eine Endposition, da immer eine bewegungsbereite Position beibehalten werden soll. Während der ganzen Fahrt soll das jeweilige Sportgerät Schneekontakt halten und der Oberkörper möglichst ruhig gehalten werden.

Variationen:

- Langsam beginnen, da die Tempokontrolle für eine erfolgreiche Fahrt entscheidend ist.
- Die Ausgleichstechnik für das Befahren einer Buckelpiste kann auf der Piste durch Kurvenfahren mit Strecken der Beine vorbereitet werden.

Hinweise:

- Die Streckbewegung muss aktiv durchgeführt werden, so dass ausreichend Kantendruck entsteht, um das Tempo zu kontrollieren.
- Das Beugen der Beine wird in Sprung-, Knie- und Hüftgelenk ausgeführt.
- Um den Oberkörper ruhig zu halten müssen die Arme auf Spannung vor / neben dem Körper geführt werden und zusätzlich beim Skifahrer soll der Stockeinsatz zu keinen Rotationen führen.
- Entsprechend der Buckelhöhe und des Pistengefälles muss die Vertikalbewegung angepasst werden: Je höher die Buckel und steiler der Hang, desto ausgeprägter und schneller die vertikale Anpassung.

Pilotprojekt „pistenkids"

6.1 Erste exemplarisch-praktische Umsetzung des Schneeschul-Konzepts

Ist es kindgerecht und empfehlenswert, dass Kinder schon ab 2 Jahren ihre ersten Erfahrungen auf den Skiern machen können? Nach welchem Konzept bringt man unter 4-Jährigen das Skifahren bei? Welche wissenschaftlichen Überlegungen liegen dazu vor? Im Rahmen des Pilotprojektes „pistenkids" wurde gewagt, das Schneeschul-Konzept in seinen Grundzügen in der Praxis zu testen.

Das „pistenkids"-Projekt wurde von Loretta Langendörfer und Michael Paatz ins Leben gerufen und mit ihrer Tochter Mathilda umgesetzt. Dazu wurde mit Mathilda und anderen Kleinkindern verschiedene Spiel- und Übungsformen im Schnee, wie Rodeln und Skifahren, ausprobiert.

Zudem haben Kinder ab zwei Jahren eine ganzjährige Bewegungsförderung, insbesondere im Hinblick auf Schneesportarten, mit den unterschiedlichsten Geräten und Materialien erfahren.

6.2 Exemplarisch-praktische Umsetzung im Schnee

Kinder in diesem Alter haben einen natürlichen Bewegungsdrang, günstige körperliche Voraussetzungen und wenig Angst, sodass sich dies günstig auf den Lernerfolg auswirkt. Rein körperlich und motorisch betrachtet sind die meisten Kinder in diesem Alter durchaus bereits fähig, das Skifahren zu erlernen. Mit einer Skischule in Flachau wurde ein Partner gefunden, mit dem das Pilotprojekt zum Schneeschul-Lehrplan durchgeführt wurde.

Fünf Kinder von 2 bis 4 Jahren wurden in einem „pistenkids"-Skikurs von 3 Tagen Dauer unterrichtet (jeweils 1 bis 1,5 Stunden pro Tag).

Wenn sich der Schnee in den Städten nicht einstellt, kann man in eine Skihalle ausweichen, um erste Schneegewöhnungen zu erfahren und erste Skierfahrungen zu erleben. Die Pisten sind dort überschaubar, relativ kurz und ohne große Schwierigkeitsgrade. Ideal um auf schneesicheren Bedingungen zu lernen, vor allem auch das Liftfahren, das gerade den Anfängern oft Probleme bereitet. Auf diese Weise gut vorbereitet dann in die Berge zu fahren vermittelt den Kindern ein Sicherheitsgefühl und sie haben schneller Spaß im Skiurlaub. Auch wenn ein einmaliger Skiurlaub im Jahr nicht ausreicht, bietet eine Skihalle die Möglichkeit den Sport trotzdem ganzjährig auszuüben.

> **Eindrücke der Eltern von Mathilda**
> „Mit 2 ½ Jahren hatte unsere Tochter Mathilda an dem ‚pistenkids'-Skikurs teilgenommen. Das Pflugfahren war ihre erste Aufgabe, um das Bremsen zu lernen. Zur Veranschaulichung des Bremsverhaltens wurde auf die Metapher des Bootfahrens gesetzt. Ein ‚großes Boot' bedeutet Skispitzen zusammen und Ski hinten weit auseinander. Das bedeutet langsame Fahrt. Je enger die Ski hinten zusammen laufen, desto schneller wird es. Dies mündet letztendlich in parallele Ski, viel Tempo und heißt ‚Polizeiboot'. Der ‚Hafen' symbolisiert langsame Fahrt und steht somit für Bremsen. Eigentlich ein sehr anschaulicher Vergleich, denn wer schnell fahren will, muss auch bremsen können."

6.3 Exemplarisch-praktische Umsetzung im Sommer

Auch im Sommer wurden die Kinder in exemplarischen Spiel- und Übungseinheiten im Rahmen des Pilotprojektes „pistenkids" mit Aufgabenstellungen aus dem Schneeschul-Konzept konfrontiert. Daher kommt der Bewegungserziehung in dynamischen Umwelten eine besondere Rolle zu. Bewegung und Spiel, das sind die grundlegenden Ausdrucksformen des Kindes. Dadurch lernt es seinen Körper kennen, stärkt ihn und übt sich dabei in Körperbeherrschung. Außerdem beeinflusst die Fähigkeit, sich zu bewegen, nachweislich den Spracherwerb. Dazu wurden den Kindern – ihrer jeweiligen Entwicklung entsprechend – vielfältige Bewegungsmöglichkeiten im Rahmen des Schneeschul-Konzepts geboten. Diese vorbereitenden Übungen sind für Kinder ab 2 Jahren sinnvoll und empfehlenswert.

Eindrücke der Eltern von Mathilda

„Unsere Tochter hat zusammen mit den anderen Kindern im Sommer an zahlreichen Aktivitäten teilgenommen, die gleiche oder ähnliche Bewegungssystematiken beinhaltet haben. Auf den Spielplätzen finden sich genügend Spielgeräte, die die Balancefähigkeiten und Koordination entwickeln, die gerade im Hinblick auf Schneesportarten wichtig sind. Das Laufrad bietet sich für Kinder wunderbar an, um den Gleichgewichtssinn zu üben und mit Geschwindigkeit erste Erfahrungen zu machen. Wenn man einen Garten hat, kann man ein Trampolin aufstellen, denn Trampolinspringen schult das Balance- und Raumgefühl. Das ist sehr wichtig für alle Sportarten, bei denen Gleichgewicht eine zentrale Rolle spielt – wie zum Beispiel beim Ski- und Snowboard fahren. Ein Balanceboard, wie das Sensoboard oder Indo Board, findet auch in jeder Wohnung Platz und ist ein tolles Übungsgerät für den Gleichgewichtssinn. Wir möchten, dass Mathilda die Bewegungsabläufe übertragen lernt, d. h. was sie auf dem Balanceboard gelernt hat, nutzt sie auch, wenn sie Skilaufen lernt. Wir haben zudem gesehen, dass alle Kinder im Laufe der Zeit in den Abläufen eine so große Sicherheit erhalten haben, dass auch komplexere Bewegungsformen, die diese Teile beinhalten, deutlich leichter gelangen. Unserer Tochter und den anderen Kindern haben alle Aufgaben sehr viel Spaß gemacht."

6.4 Fazit des Pilotprojektes „pistenkids"

Die teilnehmenden Kinder haben mit Teilen des Schneeschul-Konzeptes im Rahmen des Pilotprojektes „pistenkids" erste koordinative, technische und kognitive Basics erlernt, die zunächst unabhängig von einem Sportgerät oder einer Sportart sind. Sie haben nachweislich gelernt, das Gleichgewicht zu halten, und später dieses mühelos auf Ski, Schlittschuhe, Inline-Skates oder das Fahrrad zu transferieren. Wenn die Kinder bestimmte Basics transferieren können, sollten sie sowohl bei Winter- wie auch bei Sommersportarten auf diese zurückgreifen können.

Erfahrungen der Eltern von Mathilda

„Wir haben erfahren, dass wenn ein Kind motorisch vorgebildet ist, es schneller Erfolg und Spaß beim Skifahren hat und somit motivierter ist. Fremdbetreuungserfahrung ist zudem eine sehr gute Voraussetzung für eine Teilnahme an einem Skikurs. Unsere Tochter Mathilda hatte diese Erfahrung, aber wir haben festgestellt, dass Kinder bis 5 Jahre noch sehr den Bezug zu den Eltern brauchen und sich nicht komplett selbst koordinieren können. Daher ist unsere Tochter auch erst wieder mit 4 ½ Jahren in einen richtigen Skikurs eingestiegen. In der Mittagspause des Kurses bei unserer Tochter vorbeizuschauen und beim Ausziehen, beim Toilettengang und beim Eincremen helfen, machte für uns Sinn und wir waren auch sicher, dass Rückenprotektor und Helm richtig sitzen. Auch der kurze Austausch war immer wichtig für unsere Tochter. Mathilda hätte die Kompetenzen, die sie mit 2 ½ Jahren erworben hat, sicherlich auch mit 4 Jahren in kurzer Zeit gelernt. Die Freude am Schnee und an der Bewegung kann man aber nicht früh genug weiterzugeben und hat damit die motorischen, koordinativen und kognitiven Grundsteine für das Kind gelegt. Getreu unserem „pistenkids"-Motto ‚Kinder sollen früh in Bewegung kommen und bleiben'."

Das Pilotprojekt wurde unterstützt von

Literatur

Auerhammer, B. & Kuhn, P. (2000). Berg und Schnee neu entdecken. Kontrasterfahrungen im Schulskikurs. *Sportpädagogik – Zeitschrift für Sport, Spiel und Bewegungserziehung, 24(4)*, 37–40.

Bach, I. (2008). *Schriftenreihe der ASH (Band 18): Skilauf und Snowboard in Lehre und Forschung*. Hamburg: Czwalina.

Barth, K. & Brühl, H. (2005). *Ich trainiere Skifahren-Alpin. („Ich lerne.../Ich trainiere...")*. Aachen: Meyer & Meyer.

Barth, K., Brühl, H., & Wolf, J. (2012). *Ich lerne Skifahren (2., überarbeitete Auflage). („Ich lerne.../Ich trainiere...")*. Aachen: Meyer & Meyer.

Beckmann, H. (2001). Wahrnehmen und Reagieren auf rollendem Gerät. In R. Zimmer & I. Hunger (Hrsg.), *Kindheit in Bewegung (175–180)*. Schorndorf: Hofmann.

Beckmann, J. (2004). Zur Psychologie des Skilaufs – Umgang mit Angst. In G. Falkner & Deutscher Skiverband (Hrsg.), *Schriftenreihe des Deutschen Skiverbandes (Band 2): Schneesport an Schulen (102-105)*. Freiburg i. Br.: Freiburger Graphische Betriebe.

Beier, K. (2001). *Anreizstrukturen im Outdoorsport. Eine Studie zu den Anreizstrukturen von Sportlern in verschiedenen Outdoor-Sportarten*. Schorndorf: Verlag Karl Hofmann.

Bös, K. (2003). Motorische Leistungsfähigkeit von Kindern und Jugendlichen. *Erster Deutscher Kinder- und Jugendsportbericht, 3*, 85-107.

Büsch, D. (2001). Funktioniert das Analyseraster für koordinative Anforderungen? *Spectrum der Sportwissenschaften, 13*, 54-69.

Chwilkowski, C. (2006). *Medizinisches Koordinationstraining: Verbesserung der Haltungs- und Bewegungskoordination durch Propriozeption*. Deutscher Trainerverlag.

Deutscher Skilehrerverband e.V. (2012a). *Skifahren einfach. Der DSLV Lehrplan. (1. Aufl.)*. München: BLV.

Deutscher Skilehrerverband e.V. (2012b). *Skilanglaufen einfach. Der DSLV Lehrplan. (1. Aufl.)*. München: BLV

Deutscher Skilehrerverband e.V. (2012c). *Snowboarden einfach. Der DSLV Lehrplan. (1. Aufl.)*. München: BLV.

Deutscher Skiverband e.V. (2012a). *Offizieller DSV-Lehrplan Snowboard. Technik-Unterrichten-Praxis*. Planegg: Deutscher Skiverband e.V.

Deutscher Skiverband e.V. (2012b). *Offizieller DSV-Lehrplan Ski Alpin. Technik-Unterrichten-Praxis*. Planegg: Deutscher Skiverband e.V.

Droste, P. & Strotmann, R. (2002). *Telemark-Skifahren*. Aachen: Meyer & Meyer.

Favret, B. & Benzel, D. (1997). *Complete guide to water skiing*. Champaign, IL: Human Kinetics.

Fetz, F. (1990). *Sensomotorisches Gleichgewicht im Sport*. Wien: Österreichischer Bundesverlag.

Fleishman, E. A. (1964). *The structure and measurement of physical fitness*. Oxford: Prentice-Hall.

Fodor, J.A. (1983). *Modularity of mind*. Cambridge: MIT Press.

Fritsch, W. (2011). Skilanglauf als Ergänzungstraining für Ruderer. *Rudersport, 1*, 29-32.

Greier, K. & Weinmayer, F. (2012). Spielerische Vermittlung von Skilanglauftechnischen Basisübungen. *Lehrhilfen für den Sportunterricht, 1*, 5-14.

Griffin, L. A., Mitchell, S. A. & Oslin, J. L. (1997). *Teaching concepts and skills: A tactical game approach*. Champaign, IL: Human Kinetics.

Haag, H. (2009). *Doppelstunde Alpiner Skilauf*. Schorndorf: Hofmann.

Hafenmair, T. (1998). Ein Tag im Schnee. Eine Alternative für einen Schulskitag unter Miteinbeziehung des Naturerlebens und des Kennenlernen des Elementes Schnee. *Bewegungserziehung, 1*, 4-7.

Haiboeck, J. (2000). Sportmotorische Diagnoseverfahren zur Talentselektion im Snowboardrennlauf. *Bewegungserziehung, 3*, 14-19.

Harjung, M. & Athanasiadis, A. (1996). *Inline-Skating. Fit & Fun auf acht Rollen*. Wien: Ueberreuter.

Hebbel-Seeger, A., Kronester, K., & Seeger, K. (2005). *Skifahren und Snowboarden mit Kindern*. Hamburg: Czwalina.

Hébert-Losier, K. & Holmberg, H. C. (2013). What are the exercise-based injury prevention recommendations for recreational alpine skiing and snowboarding? *Sports Medicine, 43(5)*, 355-366.

Heim-Ryser, K. & Jegher, I. (2006). Eislauf-Kunstvoll balancieren. *Mobile, 6*, 1-15.

Hirtz, P. (1985) *Koordinative Fähigkeiten im Schulsport*. Berlin-Ost: Volk und Wissen Volkseigener Verlag.

Hirtz, P., Hotz, A., & Ludwig, G. (2000). *Gleichgewicht: Bewegungskompetenzen*. Schorndorf: Hofmann.

Hossner, E.J. & Kortmann, O. (1997). Der „Tebaute-Volleyball": Zur Validierung eines modularen Trainingskonzeptes. In F. Dannemann (Hrsg.), *Volleyball ´96–Facetten des Spiels (119–139)*. Hamburg: Czwalina.

Hossner, E.J. (1995). *Module der Motorik*. Schorndorf: Hofmann.

Hotz, A. (1994). Schneesport-Lernen ohne Umlernen – eine Utopie? In P. Blaser (Hrsg.), *Steuer- und Regelvorgänge der menschlichen Motorik (166–169)*. Hamburg: Czwalina.

Hotz, A. (2001). „Schneesport Schweiz" – ein Lehrplan besonderer Art. Zur Konzeption des neu geschaffenen Kern-Lern-Lehrmittels in der Schweiz. In G. Schoder (Hrsg.), *Skilauf und Snowboard in Lehre und Forschung (91–104)*. Hamburg: Czwalina.

Hrysomallis, C. (2011). Balance ability and athletic performance. *Sports Medicine, 41(3)*, 221-232.

Huckenbeck, S. (1996). Snowboard – eine Schulsportart? *Körpererziehung, 46*, 376-381.

Hüttermann, S., Memmert, D., & Simons, D. J. (2014). The size and shape of the attentional „spotlight" varies with differences in sports expertise. *Journal of Experimental Psychology: Applied, 20*(2), 147–157, DOI: 10.1037/xap0000012

Jendrusch, G., Klein, A., Richter, S., Schawacht, A., Teichmann, F., Hermichen, H. G., & Heck, H. (2003). *Wintersport in der Skihalle – Eine Bestandsaufnahme auch aus verletzungs- und unfallprophylaktischer Sicht*. Projektabschlussbericht, Bochum.

Kaffenberger, N., Baier, M., & Gramsch, T. (2013). *Snowboard. Praxiswissen vom Profi zu Ausrüstung, Technik und Sicherheit. (Outdoor-Praxis)*. München: Bruckmann.

Kirchner, G. & Schaller, H. J. (1996). *Motorisches Lernen im Alter*. Aachen: Meyer & Meyer.

Kirchner, G. & Stöber, K. (1994) Ordnung in der Vielfalt – taxonomische Ansätze und Anforderungsprofile. In P. Hirtz, G. Kirchner & R. Pöhlmann (Hrsg.), *Sportmotorik, Grundlagen, Anwendungen und Grenzgebiete (335–355)*. Kassel: Universität-Gesamthochschule.

Kluwe, R.H. (2002). Stichwort: Kognitionswissenschaft. *Psychologie in Erziehung und Unterricht, 49*, 84–85.

Köhler, L. (2002). Zur Funktion der koordinativen Fähigkeiten im Skilanglauf. *FdSnow: Fachzeitschrift für den Skisport, 21*, 15-24.

Kosel, A. (2001). *Schulung der Bewegungskoordination: Übungen und Spiele für den Sportunterricht der Grundschule*. Schorndorf: Hofmann.

Kornexl, E. (2009). *Mountainbiken: demographische, gesundheitliche und touristische Aspekte*. Innsbruck: Innsbruck University Press.

Kröger, C. & Roth, K. (1999). *Ballschule – Ein ABC für Spielanfänger*. Schorndorf: Hofmann.

Kullmann, H. & Wehmeyer, F. (2011). Carving auf dem Schulhof: Skifahren lernen auf Inlineskates. *Sportpraxis, 52 (9/10)*, 49–52.

Künzel, S., Szymanski, B., & Theis, R. (2008). Warum Schneesport unterrichten? In I. Bach (Hrsg.), *Skilauf und Snowboard in Lehre und Forschung (9–19)*. Hamburg: Czwalina.

Künzell, S. & Lukas, S. (2011). Facilitation effects of a preparatory skateboard training on the learning of snowboarding. *Kinesiology, 43(1)*, 56–63.

Künzell, S. (2004). Interne Modelle und motorisches Lernen – Grundlagen und Schneesportbeispiele. In I. Bach (Hrsg.), *Schriftenreihe der ASH (Band 15): Skilauf und Snowboard in Lehre und Forschung (43-54)*. Hamburg: Czwalina.

Leist, K.-H. (1974). Transfer beim Erwerb von Bewegungskönnen: Problemaufriss und Perspektiven. *Sportwissenschaft, 2*, 136-163.

Lindner, K. (2013). *Skifahren – Das Buch. Material und Technik*. Landshut: Neumann Medien.

Madigan, R., Frey, R. D., & Matlock, T. S. (1992). Cognitive strategies of university athletes. *Canadian Journal of Sport Sciences, 17(2)*, 135–140.

Mechling, H. & Neumaier, A. (2006). *Koordinatives Anforderungsprofil und Koordinationstraining*. Köln: Sportverlag Strauß.

Menzel & R. F. Schmidt (Hrsg.), *Neurowissenschaft. Vom Molekül zur Kognition (543–563)*. Berlin: Springer.

Memmert, D. (2014). Training der Aufmerksamkeitsausrichtung und -lenkung im Sportspiel. In K. Zentgraf & J. Munzert (Eds.), *Kognitives Training im Sport* (pp. 117–136). Göttingen: Hogrefe Verlag.

Memmert, D. (2004). *Kognitionen im Sportspiel*. Köln: Sport und Buch Strauß.

Memmert, D. (1999). Snowboarden im Sportunterricht. Allgemeine und spezielle Bewegungsvorerfahrungen beim „Schwingen nach Vorausdrehen". *Sportunterricht, 11*, 453–460.

Müller, B.S. (1998). *Identifikation elementarer kognitiver Leistungen (GMD Report 17)*. St. Augustin: GMD – Forschungszentrum Informationstechnik GmbH.

Nagel, V. (Ed.). (2010). *Inline-Skating: Trends, Entwicklungsperspektiven, Anwendungsfelder*. Hamburg. Czwalina.

Nagel, V. & Haarmann, F. (2010). Inline-Skating- Basketball und Inline-Skating-Hockey – Regelwerk, Technik, Taktik: zu Möglichkeiten und Grenzen von Cross-Over-Sportspielen. In V. Nagel (Hrsg.), *Inline-Skating. Trends – Entwicklungsperspektiven – Anwendungsfelder, TrendSportWissenschaft, 4 (27–48)*. Hamburg: Czwalina.

Nagel, V. (1997). Ein Konzept sportspielübergreifender Vermittlung. In E. J. Hossner & K. Roth (Hrsg.), *Sport – Spiel – Forschung zwischen Trainerbank und Lehrstuhl. Schriften der Deutschen Vereinigung für Sportwissenschaft, 84, (220–222)*. Hamburg: Czwalina.

Neumaier, A. (1999). *Koordinatives Anforderungsprofil und Koordinationstraining: Grundlagen, Analyse, Methodik*. Sport und Buch Strauss: Köln.

Neumaier, A. (2006). *Koordinatives Anforderungsprofil und Koordinationstraining: Grundlagen – Analyse – Methodik. Reihe Training der Bewegungskoordination* (2. Auflage). Köln: Sport und Buch Strauß.

Neumaier, A. & Mechling, H. (1995). Taugt das Konzept koordinativer Fähigkeiten als Grundlage für sportartspezifisches Koordinationstraining? In P. Blaser, K. Witte & C. Stucke (Hrsg.), *Steuer- und Regelvorgänge der menschlichen Motorik (207–212)*. St. Augustin: Academia.

Neumaier, A. & Mechling, H. (1999). *Koordinatives Anforderungsprofil und Koordinationstraining*. Köln: Sport und Buch Strauß.

Pfeifer, K. (2003). Motorisches Lernen in Trendsportarten. In H. Mechling & J. Munzert (Hrsg.), *Handbuch Bewegungswissenschaft – Bewegungslehre*. Schorndorf: Hofmann.

Roth, G. & Menzel, R. (2001). Neuronale Grundlagen kognitiver Leistungen. In J. Dudel, R.

Roth, K. (1996). *Techniktraining im Spitzensport: Rekonstruktion, Zusammenfassung und Validierung der Alltagstheorien erfahrener und erfolgreicher Trainer*. Köln: Sport und Buch Strauß.

Roth, K. (1998). Wie verbessert man die koordinativen Fähigkeiten? In Bielefelder & Sportpädagogen (Hrsg.), *Methoden im Sportunterricht (84–101)*. Schorndorf: Hofmann.

Roth, K., & Kröger, C. (2011). *Ballschule: ein ABC für Spielanfänger*. Schorndorf: Hofmann.

Roth, K., Kröger, C., & Memmert, D. (2002). *Ballschule Rückschlagspiele*. Schorndorf: Hofmann.

Roth, K., Memmert, D., & Schubert, R. (2006). *Ballschule Wurfspiele*. Schorndorf: Hofmann.

Rumpus, B. (2002). Vorbereitung auf den Skiwinter mit Inline-Skates!. *Lehrhilfen für den Sportunterricht, 51(10)*, 9–10.

Schiebl, F. (2006). Effekt(iv) lernen IV: Force Feedback-Forschung und Effektorientierung. In I. Bach (Hrsg.), *Schriftenreihe der ASH (Band 17): Skilauf und Snowboard in Lehre und Forschung* (51–59). Hamburg: Czwalina.

Schmidt, R. A. (1975). A schema theorie of dicrete motor skill learning. *Psychological Review, 82*(4), 225–260.

Schmidt, W., Hartmann-Tews, I., & Brettschneider, W.D. (2006). *Erster Deutscher Kinder- und Jugendsportbericht*. Schorndorf: Hofmann.

Schöllhorn, W.I. (1999). Individualität – ein vernachlässigter Parameter? *Leistungssport*, 2, 7–11.

Schoder, G. (2003). *Schriftenreihe der ASH (Band 14): Skilauf und Snowboard in Lehre und Forschung*. Hamburg: Czwalina.

Schwarz, W. (2004). Mountainbike-Fahrtechniken. *Österreichisches Journal für Sportmedizin*, 2, 32–41.

Stanciu, U. (1995). *Alles übers Mountainbike*. Bielefeld: Delius Klasing.

Starosta, W. (1990). *Bewegungskoordination im Sport*. Beiträge von der Internationalen Wirtschaftlichen Konferenz (Gorzów Wielkopolski 27.–29. April 1990).

Treutlein, G. (1986). Elemente eines an Körpererfahrungen orientierten Skiunterrichts. In G. Treutlein, J. Funke & N. Sperle (Hrsg.), *Sport und Lernen (Band 10): Körpererfahrung in traditionellen Sportarten (164–186)*. Wuppertal: Putty.

Vereijken, B., Van Emmerik, R. E. A., Bongaardt, R., Beek, W. J., & Newell, K. M. (1997). Changing coordinative structures in complex skill acquisition. *Human Movement Science*, 16(6), 823–844.

Weigl, U. (2004). *Gleichgewichtsparcours: Übungen zur Stabilisierung der Gleichgewichtsfähigkeit*. Schorndorf: Hofmann.

Weineck, J., Memmert, D., & Uhing, M. (2012). *Optimales Koordinationstraining im Fußball*. Balingen: Spitta.

Wenger, U. (1988). Quereinsteiger als Langlaufanfänger. Über Ausrüstung, Vorbereitung und die ersten Versuche. *Der Läufer*, 2, 24–27.

Ziegler, A. (2011). *The Surfers Workout. Propriozeptives Gymnastik-Ball-Training für Wellenreiter & Leistungssportler*. Berlin: Pro BUSINESS.

Kompakt und praxisnah – Fachbücher von Spitta

Haas, Jörg
Ausdauernd laufen in Schule und Verein
Grundlagen des Ausdauertrainings mit Kindern und Jugendlichen
1. Auflage, 2013
Broschur, 116 S., 36 Abb., 17 Tab.
19,80 Euro[D] / 20,40 Euro[A] / 28,50 CHF
Alle Preisangaben in CHF sind unverbindliche Preisempfehlungen
ISBN 978-3-943996-08-1

Dieses Buch eignet sich für den Schul- und Vereinssport. Der Autor Jörg Haas – selbst Gymnasiallehrer und Ausbilder von Leichtathletiktrainern – beschreibt komplette Unterrichtseinheiten mit Stunden-Aufbauplänen und gibt Lehrern und Trainern Ausdauerspiele, Trainingspläne sowie ein Trainingstagebuch zur Vorbereitung auf den Cooper-Test an die Hand. Viele Abbildungen, Tabellen und Videoclips erleichtern die Umsetzung in die Praxis.

Harald Lange, Silke Sinning
Handbuch Methoden im Sport
Lehren und Lernen in der Schule, im Verein und im Gesundheitssport
1. Auflage, 2010
Broschur, 593 S., 89 farb. Abb. und 44 Tab.
37,80 Euro[D] / 38,90 Euro[A] / 53,90 CHF
Alle Preisangaben in CHF sind unverbindliche Preisempfehlungen
ISBN 978-3-938509-81-4

Der Facettenreichtum des Methodenthemas wird in 36 interdisziplinären Handbuchartikeln theoretisch reflektiert, didaktisch strukturiert und zugleich praxisnah aufgearbeitet. Neben Beiträgen zum Feld des Bewegungslernens (z. B. Erfahrungslernen) wurden Beiträge zur Körperarbeit (z. B. Kraft- und Ausdauertraining) sowie Beiträge mit stärkerem Bezug zum Bewegungserleben aufgenommen.

Mehr Informationen und Leseproben finden Sie im Internet unter **www.spitta-sport.de**

Spitta Verlag GmbH & Co. KG
Ammonitenstraße 1
72336 Balingen
Tel.: 07433 952 - 0
Fax: 07433 952 - 111